À mes parents et à toute ma famille,
À mes amis,
À mes patientes et patients,
Aux participantes et participants des stages OGE,
À toute l'équipe des Éditions de l'Homme,
Et enfin à toutes celles et à tous ceux qui, victimes de la guerre et de l'injustice humaine, m'ont tant appris...

Qu'ils soient remerciés pour tout ce qu'ils m'ont apporté et qu'ils reçoivent tout mon Amour.

Préface

Toute baignée qu'elle est de rationalité cartésienne, la médecine occidentale peine à s'émanciper de son obsessionnel traitement des effets. La vaste majorité des praticiens continuent en effet de négliger la cause de nos maux pour ne se préoccuper que de leur seul soulagement. Ils n'échappent pas en cela à un mouvement plus large mis en évidence par Michel Foucault: « La prépondérance conférée à la pathologie devient une forme générale de régulation de la société... »[1]

Il faut dire que le monde politique comme celui des assurances trouvent leur compte dans cette approche réductrice. Tout à leurs monomaniaques soucis de « maîtrise des coûts », ils vont jusqu'à dédaigner l'importance de la relation entre le patient et son médecin en suggérant par exemple de limiter, voire de supprimer le libre choix des thérapeutes.

Le monde médical y participe lui aussi. Il n'y a qu'à voir combien il rechigne à se départir de l'ésotérisme de son jargon, gage de son pouvoir. Et s'il le fait, c'est pour disserter sur ses « outils », ses protocoles, ses statistiques... Le patient existe, certes, mais comme une mosaïque d'organes et de pathologies: sa gastrite, sa hanche ou son cholestérol font l'objet d'incessants colloques ou publications, mais son moi reste le plus souvent absent des débats.

Son moi, justement, Daniel Dufour suggère dans son deuxième livre de se le réapproprier: aimez-vous avant que d'aimer les autres, suggère en substance le médecin, écoutez-vous en priorité, éteignez votre mental... Pour

---

1. *In* « Crise de la médecine ou crise de l'anti-médecine », *Revista centroamericana de Ciencas de la Salud,* n° 3, janvier-avril 1976, p. 197-209.

iconoclastes qu'elles puissent paraître, ces propositions méritent bien plus qu'un simple revers de la main. Parce que tout d'abord, elles proviennent d'un homme qui a derrière lui 25 ans d'une pratique médicale qui va de la médecine de guerre au cabinet privé. Parce qu'ensuite, le Dr Dufour redit tout haut quelques vérités toutes simples que nous avons trop tendance à occulter.

Pour pouvoir s'occuper des autres, souligne-t-il avec justesse, il faut d'abord s'occuper de soi. Il faut s'aimer soi avant de pouvoir aimer les autres. Il faut s'écouter et écouter son corps pour entendre ce que celui-ci a à dire. Car mon corps, note Daniel Dufour, reste mon meilleur ami. Or qui donc refuse d'écouter son meilleur ami ?

RENAUD GAUTIER

Introduction

Après la parution de mon livre *Les tremblements intérieurs,* aux Éditions de l'Homme, j'ai reçu beaucoup de courrier, de remarques et de critiques. Je tiens à remercier ici toutes les personnes qui me les ont fait partager. Beaucoup me demandaient d'aller plus loin et de développer certains points qui n'avaient été qu'effleurés. J'ai longtemps hésité à le faire, craignant les répétitions et les paroles creuses. Entre-temps, aussi, j'ai eu l'occasion de lire des livres remarquables, et je me suis dit que tout était déjà écrit et qu'il ne me restait plus qu'à me taire et à continuer à travailler dans le cadre de ma pratique médicale et dans celui d'OGE (À l'envers de l'ego), activité complémentaire et passionnante développée depuis six ans déjà.

Mais, et c'est cela la vie, un matin de décembre 2003, je me suis décidé à commencer ce nouveau livre afin de communiquer à celles et à ceux qui le désireraient ce que je n'avais pas osé écrire jusque-là et de faire part aussi de ma profonde conviction, étayée par 25 ans d'expérience d'une pratique médicale diverse et variée, allant de la chirurgie de guerre à la médecine dite holistique. Cette conviction est simple et pas très originale, mais elle mérite d'être énoncée très clairement : *tout est Amour.*

La médecine d'aujourd'hui ne tient pas compte de cette réalité et cela est fort regrettable ; en effet, elle se coupe de l'essentiel et du même coup ne peut que se mordre la queue et tourner en rond. Les autres approches, visant le bien-être ou la guérison le plus souvent, même si elles abordent la santé de façons différentes, ne font pas mieux et confondent, elles aussi, les moyens employés avec la finalité. Le mot *amour* effraie, sonne creux pour beaucoup. Ce mot galvaudé a perdu de son sens, il est vrai, au cours des siècles. Il est temps de le réhabiliter et ce livre a la grande prétention d'apporter une pierre en ce sens. Je sais que cela peut paraître terriblement présomptueux de ma part de m'atteler à cette tâche, mais je la ressens comme étant très importante.

Que le lecteur ne s'étonne pas de certaines réflexions qui lui paraîtront très directes et parfois même agressives. Laissez alors aller votre ressenti et vivez-le. Vous vous apercevrez que l'ouverture dans laquelle vous vous êtes placé en le vivant est une forme d'Amour, et que cela vous conduira non pas à rejeter ce que vous venez de lire mais à former votre propre jugement et votre propre échelle de valeurs. Vous réaliserez alors que tout ce processus et l'initiation de celui-ci ne sont que des actes d'Amour que vous avez faits envers vous-même.

Chapitre 1

La différence entre la réflexion et le mental

L'émotion est votre plus grande intelligence,
l'intelligence du cœur de l'Âme !

ANNE MARIE LIONNET[1]

Le mental est cette machine infernale qui tourne dans notre tête, nous coupant du moment présent et par conséquent de nos ressentis et de notre être profond. Il est important de faire la différence entre le mental et la réflexion. Cette dernière est fort utile alors que le mental est totalement inutile.

La réflexion

La réflexion, issue de notre cerveau, utilise nos capacités créatives et intellectuelles ainsi que notre intelligence pratique et théorique. Lorsque nous utilisons notre réflexion, nous la mettons à notre service afin d'élaborer un projet, lui-même issu d'une envie qui nous habite. C'est la réflexion qui va nous permettre de prendre des décisions, de déterminer telle ou telle action à mener, de définir les moyens utiles (et inutiles) afin de parvenir à ce que nous désirons entreprendre et réaliser. Elle se vit dans le moment présent uniquement, même si elle se rapporte à quelque chose allant se réaliser dans le futur. La réflexion aide à avancer, à entreprendre de la façon la plus efficace possible. Elle est un instrument utile, dynamique, amenant la clarté et la lumière ; elle ne provoque aucune tension physique mais bien au contraire un sentiment de paix et de sérénité.

Dans l'ordre des choses, nous allons premièrement ressentir l'envie de mener une action et dans un deuxième temps utiliser notre cerveau (pur appendice de notre corps au même titre qu'une main ou un pied) afin d'élaborer la meilleure façon d'y parvenir. L'envie n'est pas issue de notre cerveau mais de notre être profond. Elle n'a aucune matérialité ; c'est grâce à notre réflexion qu'elle va pouvoir ou non se matérialiser. C'est ainsi que l'esprit crée la matière et non le contraire.

Le mental

Le mental est la partie « inutile » du cerveau, celle qui bavarde dès qu'on lui laisse la possibilité de le faire. C'est l'ego, le « petit vélo » qui tourne dans la tête et fait beaucoup de bruit, qui empêche le silence de s'installer en nous et nous assourdit par ses « pensées dans le vide », c'est-à-dire les pensées inutiles qui entraînent l'appréhension, la peur, la panique, la phobie ou les regrets et la culpabilité. Le mental n'utilise aucune de nos capacités créatives, intellectuelles ; bien au contraire, il les bloque. Il nous coupe de notre intelligence pratique et théorique. Il se manifeste par la confusion des idées, l'incapacité de décider, la paralysie sur tous les plans. Il n'est pas au service de notre être profond, il nous en éloigne ; il bavarde mais ne nous aide en aucun cas à réaliser quoi que ce soit. Il crée en nous, dès son apparition, une tension physique que nous pouvons même ne pas ressentir, puisqu'il nous coupe de nos ressentis, de nos sens et de notre réalité présente. Il nous fait perdre notre personnalité en nous coupant de notre être profond. Il est pour toutes ces raisons parfaitement nuisible et doit être à tout prix éteint afin que nous puissions retrouver notre réalité, notre être profond qui est le seul à pouvoir nous faire exister au sens large du terme.

C'est aussi ce même mental qui nous fait nous comparer aux autres : je suis meilleur ou moins bon que le voisin, je désire posséder ce que l'autre a. C'est lui qui nous entraîne à suivre des règles qui ne sont pas les nôtres par besoin de nous fondre dans la masse et l'anonymat ou qui, au contraire, nous pousse à être « original » afin de nous démarquer à tout prix des autres et de la normalité.

Il n'est jamais dans le moment présent et nous emmène dans le futur, fabriquant ainsi les craintes, les appréhensions et les peurs. Beaucoup croient ou font croire que ces dernières sont des émotions, ce qui est faux. L'émotion ne peut être ressentie que dans le moment présent. Nous ne pouvons pas être joyeux, tristes ou en colère demain, nous ne pouvons l'être qu'ici et maintenant. Nous le serons peut-être demain, mais ceci est alors une pensée ou un espoir. Les peurs quant à elles sont toujours liées au futur et sont construites de toutes pièces par notre mental : nous avons peur de ce qui pourrait se passer tout à l'heure, demain, dans quelques semaines, mois ou années. Lorsque nous sommes dans la crainte ou la peur, nous allons très souvent commencer notre phrase par « si » : si tout à l'heure l'autre ne me regarde pas, alors... ; si je ne réussis pas mes examens ; si je rate mon avion ; si je bafouille lors de ma conférence, etc.

Les peurs étant une construction de notre mental nous entraînant dans le futur, elles ne peuvent faire partie des émotions. Ce point est important, car il existe une immense confusion dans la documentation à ce sujet (ce qui est regrettable) entraînant à son tour (ce qui est beaucoup plus grave à mes yeux) des approches de développement personnel ou des thérapies totalement erronées. Cela ne signifie pas que les peurs n'existent pas et que les gens qui en souffrent sont des affabulateurs. Le mental crée les peurs de toutes pièces en mettant la personne dans le futur (par conséquent hors du moment présent) et il est l'affabulateur ; mais dès que « la pensée inutile ou dans le vide » est créée par le mental, apparaît le signe du corps sous forme de tension, ce qui n'est en aucun cas une affabulation mais est un signe très réel de notre corps venant nous avertir que quelque chose ne va pas, que quelque chose est faux par rapport à nous-mêmes. Ce signe, s'il n'est pas compris et « traité » par la personne qui le ressent, peut entraîner des tensions très importantes et déboucher sur un mal-être, sur des paniques ou des phobies mais aussi sur des maladies telles que l'ulcère de l'estomac, les otites, les cystites et autres maladies des reins et de la vessie.

Le mental nous entraîne aussi dans le passé et crée ainsi les regrets et la culpabilité. À nouveau, il va nous faire nous imaginer que « si » nous avions agi autrement, « alors » une chose différente que celle qui est survenue serait arrivée. Cela est une pensée dans le vide, venant masquer ce que nous ressentons dans le moment présent et faisant apparaître la culpabilité. Cette dernière (qui provient d'une affabulation) se traduit dans notre corps par un signe physique très réel tel qu'une boule à la gorge ou à l'estomac, ou tel qu'une crispation musculaire, par exemple.

Le mental gonfle notre ego, aussi, en nous donnant l'illusion d'être doués d'une très grande intelligence lorsqu'il nous fait analyser le passé afin de penser à l'avenir. Par ce biais, il occupe notre présent et crée toutes les illusions. Ici commence la grande aventure de la souffrance humaine... En effet, en nous mettant dans le passé ou dans le futur, le mental nous coupe de nous-mêmes, de notre savoir inné, de notre intuition et de nos émotions. Il entraîne la perte de confiance en nous-mêmes, l'aveuglement, la violence, la négation de nous-mêmes. Il est le non-amour par excellence.

Comment le mental est-il créé ?

Par notre éducation, principalement. En effet, chacun d'entre nous peut constater qu'un enfant venant de naître n'a aucune connaissance des notions de passé ou de futur. Il vit ses émotions : il sourit lorsqu'il est heureux, pleure à chaudes larmes lorsqu'il est triste et crie lorsqu'il est en colère ; il ne se compare pas aux autres et n'a aucune pensée par rapport à la normalité. En résumé, il *est* dans le moment présent, qui est le seul moment dans lequel nous vivons. Nous avons tous été des enfants et par conséquent nous savons tous (de façon innée) être. Puis vient l'éducation... Bien évidemment, l'enfant a besoin d'être aidé, d'être encouragé à se développer dans ce qu'il est depuis sa naissance, c'est-à-dire un être plein de qualités et de potentialités. Pour ce faire, il a besoin de liberté, de compréhension, de confiance et d'attention, sans aucune condition. Il a besoin d'Amour tout simplement ! L'éducation devrait n'être qu'Amour ; le plus souvent elle n'est qu'amour avec conditions : elle impose la vue des autres, elle crée les normes, elle tend à banaliser et à réduire l'individu au profit de la société ; elle vise à « canaliser » l'énergie de l'enfant afin que ce dernier puisse se développer de façon « harmonieuse ». Mais qui définit l'harmonie ? Les autres toujours, c'est-à-dire la société : les parents, les enseignants, les hommes de loi, les hommes d'église, les hommes politiques et les forces économiques. La société définit l'éducation et une chose n'a jamais pu aimer, ne sait pas aimer et ne saura jamais aimer. Elle peut tout au mieux fournir à l'individu un cadre matériel dans lequel ce dernier pourra se développer en toute sécurité matérielle, ce qui est déjà un immense avantage ; malheureusement, ce n'est pour ainsi dire jamais le cas, car la société avec son ego collectif définit ce qui est bon et ce qui est mauvais pour l'individu. Elle tend ainsi à favoriser l'amour avec condition, qui est la source à laquelle le mental va pouvoir se nourrir.

Une autre grande action de notre mental est de nous couper de nos émotions, ce qui a des répercussions dramatiques sur notre bien-être et notre santé.

Il existe trois grandes familles d'émotions : la famille des joies, des tristesses et des colères. Le mental va tout faire pour nous empêcher :

- de reconnaître,
- de ressentir et
- d'exprimer nos émotions.

Il peut être actif sur tous ces plans ou sur un seul de ceux-ci, mais le résultat reste le même : une tension ressentie physiquement qui, si elle n'est pas interprétée correctement, va perdurer et entraîner des troubles pouvant aller jusqu'à des maladies très sérieuses.

Le mental peut nous empêcher de reconnaître notre émotion : prenons l'exemple de Jeanne dont les parents âgés sont malades. Son père est hospitalisé, souffrant de la maladie d'Alzheimer, et sa mère est à la maison, percluse de rhumatismes articulaires. Depuis un mois, elle passe une bonne partie de son temps à rendre visite à son père à l'hôpital, bien que ce dernier ne la reconnaisse plus, et l'autre partie à organiser une assistance ménagère pour sa mère ainsi qu'à l'aider dans ses tâches quotidiennes afin qu'elle puisse vivre une vie décente chez elle, où celle-ci désire continuer à vivre. Elle vient me consulter car elle se sent fatiguée : elle a de la peine à s'endormir, elle se réveille plusieurs fois pendant la nuit et se lève fatiguée, traînant sa fatigue tout au long de la journée. Elle se sent de plus en plus irritable envers ses deux enfants et son mari et a tendance à pleurer pour un oui ou pour un non. Cet état dure depuis trois semaines et ne fait qu'empirer.

Le médecin que je suis a deux voies très différentes devant lui : la voie traditionnelle et la voie humaine.

La voie médicale traditionnelle consiste à considérer la série de symptômes présentés par Jeanne qui sont en l'occurrence des troubles du sommeil, un état d'épuisement et un état dépressif, et à y remédier par des aides pharmacologiques telles que des antidépresseurs légers et des somnifères, qui peuvent être aussi renforcées par une ordonnance afin que Jeanne puisse aller consulter un psychologue afin de pouvoir parler de ses problèmes avec ce dernier. Certaines variantes existent aussi sur le marché actuel de la voie traditionnelle : je peux aussi faire une ordonnance de substances moins toxiques telles que des remèdes homéopathiques ou phytothérapiques. La maladie est dans tous les cas considérée comme l'ennemie dont Jeanne doit se débarrasser au plus vite afin de pouvoir assumer ses tâches de fille, de mère et d'épouse aimante (rôles qu'elle s'attribue ou/et que la société lui attribue). Le médecin joue son rôle de scientifique, ayant le pouvoir de faire une ordonnance et ainsi de contribuer en grande partie au soulagement des symptômes de Jeanne et peut-être à sa guérison. Le psychologue constituera l'aide ultime afin que Jeanne accepte son rôle de fille même si ce dernier est difficile, d'autant plus qu'elle a peut être certains griefs à l'encontre de ses parents remontant à l'enfance ou à l'adolescence... Si, malgré le traitement prescrit à la patiente, les symptômes subsistent, les doses médicamenteuses ou autres seront augmentées ou le traitement modifié afin de lutter plus efficacement contre la maladie. Nous sommes par conséquent dans une démarche de combat contre la maladie, réduisant tous les protagonistes au rôle de bons soldats au service de la lutte contre l'anormalité. Les causes profondes de la souffrance de Jeanne ne seront pas abordées, car elles dépassent le cadre médical ou paramédical. Ces causes sont connues de tous : l'état de santé des parents de Jeanne sur lequel elle n'a aucune prise, la maladie devenant ainsi une fatalité à laquelle Jeanne doit s'adapter et qu'elle doit accepter. Cette acceptation passe éventuellement par un « lâcher prise » et « un travail de pardon » qui pourront lui être conseillés par son médecin, par son psychologue ou par son entourage. Le tour est joué : Jeanne est placée dans les meilleures conditions pour pouvoir affronter les événements auxquels elle se trouve confrontée. Elle va pouvoir survivre en attendant la fin du « cauchemar » !

La voie humaine va aborder le même problème dans sa globalité en mettant Jeanne au centre en tant qu'être humain dont le corps, au travers des symptômes présentés, essaie de lui transmettre un message. La maladie devient alors une alliée de Jeanne qui ne va plus lutter contre les symptômes, mais pour elle-même. La maladie n'est plus une fatalité dépendant de facteurs extérieurs à Jeanne (l'état de santé de ses parents en l'occurrence). Le médecin devient alors une aide qui va accompagner Jeanne dans le déchiffrage du message apporté par son corps. Certes, il pourra par moments, pour une durée très limitée dans le temps, prescrire des médicaments afin de soulager Jeanne d'une trop grande souffrance, mais cela ne sera jamais un but en soi ni la finalité du traitement.

La question à laquelle Jeanne et son médecin vont devoir répondre est la suivante : quel est le message du corps de Jeanne ? Son corps est son meilleur ami et au travers des symptômes présentés, il essaie de dire quelque chose à Jeanne. Lorsqu'on découvrira ce que c'est, le traitement sera alors trouvé et il suffira alors à Jeanne de le suivre afin de guérir. En amont des symptômes ou d'une maladie, il y a toujours un événement (ou une série d'événements) qui est le point de départ et que le patient et son médecin doivent chercher à découvrir. Souvent ceux qui souffrent le trouvent très vite, sans que la question leur soit posée, ou encore très vite après qu'elle leur a été posée; parfois, le patient dit, après une courte réflexion, qu'il ne trouve pas et qu'il ne voit « rien de particulier ». Je réponds toujours de la même façon : « Vous connaissez cet événement puisqu'il est gravé en vous et se manifeste bien réellement au travers de votre souffrance actuelle. » Dans la majorité des cas, la personne retrouve alors l'événement déclencheur.

Pour Jeanne, la réponse a fusé : l'événement déclencheur a été l'hospitalisation de son père, qui a laissé sa mère seule à la maison. L'événement n'est pas en tant que tel l'élément important; en rester à cette découverte n'amène aucune réponse utile afin de commencer un travail de guérison. Il faut que Jeanne réponde à une des questions suivantes : Qu'est-ce que cet événement a créé en elle physiquement ? Qu'est-ce que son corps a essayé de lui dire à ce moment-là ? Qu'a-t-elle ressenti en elle au travers de cet événement ? En d'autres termes, l'annonce de l'hospitalisation de son père a-t-elle été suivie d'un signe physique apporté par son corps ? « Oui, j'ai ressenti immédiatement une boule dans le ventre et j'étais tendue. » Qu'est-ce que le corps de Jeanne tentait de lui dire ? « Que j'avais peur. » Cette dernière découvre alors qu'elle vit tout ce qui survient dans la peur, c'est-à-dire en pensant à demain, en oubliant de rester dans le moment présent.

Son corps lui fournit par la même occasion – et c'est l'information capitale – la façon de faire disparaître la boule et la tension : revenir dans le moment présent dès que son mental l'entraîne dans le futur. Jeanne tente alors avec un certain succès de rester le plus possible dans le moment présent en mettant en application plusieurs fois par jour une simple relaxation (qui est exposée dans la suite du livre et décrite en détail à la p. 131) ; ce faisant, elle parvient mieux à s'endormir et se sent moins tendue, mais elle continue à se réveiller pendant la nuit et à être très irritable et fatiguée.

Il faut alors à nouveau se poser les mêmes questions que celles déjà posées précédemment, puisque le corps continue à essayer de transmettre un message au travers de ces symptômes. « Que ressent-elle par rapport à cet événement ? » Jeanne me répond qu'elle est triste mais qu'elle n'a pas le temps de vivre sa tristesse étant donné l'emploi du temps auquel elle est soumise ; qui plus est, elle ne va pas se mettre à pleurer devant ses enfants ou ses parents... Comprenant alors que son corps lui dit le contraire, elle s'autorise à pleurer, ce qui la détend un peu mais les symptômes subsistent néanmoins. Ressent-elle une autre émotion que la tristesse ? Que ressent-elle en se retrouvant totalement impuissante devant la maladie dont souffre son père ? Que ressent-elle à l'idée de devoir s'occuper de l'intendance pour sa mère en plus de son travail ? Jeanne me répond qu'elle considère tout cela comme étant de son devoir, qu'elle doit accepter ce qui arrive, qu'elle n'a pas à se plaindre et qu'elle sera heureuse que ses enfants fassent de même pour elle lorsque ce sera son tour d'avoir besoin d'aide.

Je lui demande alors d'arrêter de penser, d'éteindre son mental et de me dire ce qu'elle ressent au fond d'elle-même par rapport à toutes les tâches qu'elle doit assumer depuis l'hospitalisation de son père. Elle m'avoue alors avec gêne qu'elle en a « marre » et que cela la « contrarie fortement ». Elle ressent de la colère et le mental vient la bloquer (car ce n'est pas bien d'être en colère dans cette situation !), ce qui provoque immédiatement une tension ressentie physiquement se traduisant par les réveils nocturnes et la grande irritabilité, notamment, mais aussi par une grande fatigue. Celle-ci résulte de la lutte entre le mental qui fait tout pour que Jeanne ne reconnaisse même pas ce qu'elle ressent et la partie « vivante » de Jeanne qui lui dit « tu es en colère, alors vis-la ». Le traitement est alors découvert : s'autoriser à vivre cette colère pour elle-même afin de se faire du bien et de supprimer toute tension en elle. Nous verrons par la suite comment y parvenir. Jeanne, s'étant permis de vivre cette colère, a pu alors assumer ses devoirs sans souffrir, sans médicament et en vivant de belle façon cet épisode douloureux de sa vie.

Nous voyons que les deux voies sont totalement différentes et n'aboutissent pas aux mêmes résultats. Dans l'approche traditionnelle, la fatalité est la cause profonde de la maladie et vu que l'événement ne peut être changé, « il faut alors accepter l'inacceptable », rechercher des soutiens à l'extérieur de soi-même – sous forme de médicaments très souvent –, faire le gros dos et attendre les jours meilleurs. Jeanne est faible sur tous les plans et vit sa vie comme une coquille de noix sur les vagues ; son bonheur ou ses malheurs dépendent des autres et non d'elle-même. Nous sommes dans la déresponsabilisation la plus complète, ce qui est synonyme de non-amour. Dans l'approche humaine, la cause profonde est le mental qui vient bloquer la reconnaissance de l'émotion et mettre Jeanne hors du moment présent. Le mental étant mis sous silence par Jeanne elle-même, il n'y a pas besoin de leurres afin de pouvoir vivre les événements parfois pénibles auxquels la vie la confronte. Elle retrouve sa vraie force en allant au fond d'elle-même, en s'autorisant à vivre dans le moment présent et en exprimant ses émotions. En faisant cela, elle s'apporte de l'attention, de l'écoute, du respect ; en un mot, elle s'apporte de l'Amour.

Le mental peut non seulement nous empêcher de reconnaître nos émotions, mais encore de les ressentir. Il est étonnant de constater à quel point nous avons tendance à « oublier » de ressentir la joie, la tristesse et la colère. Lors de mes consultations ou dans le cadre des stages OGE, je peux être le témoin privilégié de cette propension que nous avons tous à passer à côté de nos ressentis afin de donner la primauté à la pensée, au jugement, à l'action et au faire. Ressentir devient une gêne, une faiblesse de caractère, un péché ; ressentir est synonyme de perte de temps, de perte d'énergie ; ressentir signifie pour certains revenir à l'état d'animal et perdre sa dimension d'être humain.

« Je désire entreprendre un travail sur moi afin d'être bien dans ma peau et de vivre en harmonie avec les autres et le monde qui m'entoure », me déclarait dernièrement Patricia, âgée de 32 ans, souffrant d'eczéma depuis l'âge de 7 ans. Celui-ci, assez calme les deux dernières années, s'était brutalement réveillé deux mois auparavant et les crèmes à la cortisone prescrites par son dermatologue n'ayant pas un grand effet, elle arrive en consultation avec la demande ci-dessus. Patricia réalise assez vite ce que son corps lui lance comme message : tu es très en colère envers ton ami qui t'a trompée mais tu ne te permets pas vraiment de la ressentir pleinement, d'où le réveil brutal de l'eczéma le lendemain matin de la découverte de la tromperie de son ami. Certes, Patricia avait « piqué une violente crise de rage », ayant injurié son ami et ayant détruit une partie de la garde-robe de ce dernier, mais elle ne se sentait pas mieux pour autant et son corps continuait à essayer de lui envoyer un message. Quel est ce message ? La peau de Patricia est en souffrance et celle-ci n'est que l'interface entre nous et les autres ; de plus, la médecine traditionnelle chinoise nous apprend que la peau est reliée au foie, lieu où sont stockées nos colères rentrées, non exprimées. Le corps de la patiente parle ainsi de façon très expressive à cette dernière. Il lui transmet un message limpide : tu es en colère, autorise-toi à l'accepter, à la ressentir et enfin à la vivre.

« Que ressentez-vous en ce qui concerne cette tromperie ? » Patricia me répond qu'elle pense que son ami est un lâche et un menteur, et qu'elle est en train d'hésiter entre rompre ou se venger en allant à son tour le tromper. Elle a honte de s'être comportée comme elle l'a fait devant son ami et de « perdre les pédales », ce qui lui arrive du reste à intervalles réguliers. Elle me raconte alors que de temps en temps, sans motif bien réel, elle ressent une rage inexpliquée et qu'elle « pète les plombs » en hurlant sur la personne qui se trouve présente. Nous voyons que Patricia fuit et ne répond pas à la question : elle « pense », elle juge, elle est dans l'action future sans savoir quelle est l'action qu'elle désire entreprendre vraiment, elle est dans le passé en ayant honte de ses crises de rage ; en bref, elle est dans son mental. Elle ne peut pas ressentir puisqu'elle pense, puisqu'elle est dans le passé et le futur et qu'elle se juge ainsi que son ami. Alors que j'insiste afin qu'elle réponde à la question, elle finit par « avouer » qu'elle est très en colère mais rajoute immédiatement : « Docteur, le fait de ressentir ma colère (et de devoir la vivre par la suite) est équivalent pour moi à redevenir un animal, alors que je vise à travers le travail que j'ai entrepris sur moi-même à dépasser ces choses primaires, qui ne m'ont jamais fait du bien. Mon but est d'atteindre une certaine spiritualité et par conséquent d'employer l'amour et le pardon plutôt que de ressentir et d'exprimer une colère contre mon ami… »

Ce discours est très courant, malheureusement ; si nous nous penchons sur sa vraie signification, nous découvrons qu'il est rempli d'ego et de suffisance. Mais il passe bien et il est très prisé dans certains cercles « branchés » ou dans certaines démarches bien-pensantes. Dépassons le stade animal dans lequel nous naissons afin de nous élever dans la spiritualité, c'est-à-dire le non-ressenti ! Quelle belle pensée, quelle illusion ! Le pardon et l'amour deviennent alors des instruments au service d'une démarche mentale qui vise à nier la réalité (c'est-à-dire les ressentis) afin de « s'élever » vers un niveau dans lequel nous serons coupés de nos ressentis négatifs... J'ai répondu à Patricia que je trouvais son mental brillant mais que son corps, son meilleur ami, ne semblait pas être du même avis vu qu'il continuait à lui parler et qu'elle continuait à souffrir. Cette réponse vaut à mes yeux mieux que toutes les discussions oiseuses que nous pourrions avoir avec nos ego respectifs.

Nous constatons à quel point le mental peut nous jouer des tours : au nom d'une belle pensée et d'un souhait légitime, il peut nous empêcher de ressentir une émotion en la qualifiant de « négative », en niant la souffrance liée au fait de se refuser de la ressentir et en nous mettant dans une voie intellectuellement brillante mais oh ! combien destructrice. Heureusement, notre corps est toujours présent afin de nous remettre (après plus ou moins de temps et de souffrances) dans le droit chemin, celui de l'écoute attentive de soi, du respect de soi-même et de l'Amour. La voie pour Patricia est d'accepter sa colère, de se donner le droit de la ressentir au fond de ses tripes et enfin de l'exprimer. Elle a accepté de suivre ce que son corps lui indiquait et l'eczéma s'est calmé dans un premier temps mais n'a pas entièrement disparu. De plus, Patricia continuait à souffrir de crises de rage de façon plus ou moins régulière.

En s'autorisant à laisser remonter ses colères et à les vivre, elle est remontée à l'âge de sept ans et à une profonde colère, non exprimée jusque-là, ressentie envers son père qui était parti de la maison familiale pour aller vivre avec une autre femme. S'étant permis de vivre celle-ci, elle s'est guérie entièrement de son eczéma et ne fait plus de crises de rage. Elle m'a avoué dernièrement que son corps, qu'elle détestait tant, était devenu un allié et que vivre sa spiritualité signifie être à l'écoute de ce dernier, lui apporter de l'attention et de l'Amour, ce qui lui permet alors de faire rayonner l'Amour tout autour d'elle. Quelle joie dans mon cœur d'entendre cela, mais surtout de constater que Patricia rayonne vraiment de tous ses feux dans la vie.

Le mental peut bloquer l'expression de l'émotion. « Comment fait-on pour exprimer ses émotions ? » est la phrase que j'ai le plus souvent entendue dans mon activité professionnelle ou lors des conférences données sur le sujet des émotions. Elle témoigne de l'abîme qui nous sépare de l'état dans lequel nous nous trouvions à la naissance. Un bébé ou un petit enfant sait sans que ses parents aient besoin de le lui apprendre comment exprimer ses émotions : il sourit ou rit lorsqu'il est joyeux, pleure à grosses larmes lorsqu'il est triste et crie, tape ou trépigne lorsqu'il est en colère. Cela ne lui pose aucun problème et lui permet d'aller de l'avant dans la vie en continuant à vivre dans le moment présent. Tout adolescent ou adulte ayant été enfant, nous savons par conséquent très bien comment faire : afin de retourner à ce savoir inné, il nous « suffit » de lever le blocage ou le voile qui nous en coupe. La vraie question devient alors la suivante : « Comment puis-je parvenir à me sortir du blocage existant ? »

Comment exprimer ses émotions ?

La première action est de s'autoriser à exprimer. Sans cette autorisation, rien ne pourra être vécu. S'accorder le droit d'exprimer signifie éteindre la partie en nous qui bloque, c'est-à-dire éteindre le mental. C'est en effet à nouveau lui qui est le responsable ; il va faire parvenir à notre cerveau, sous forme de pensées, toute une série de principes, de remarques ou de règles qui sont tous des héritages de notre éducation : « cela ne sert à rien d'être triste ou en colère car tu ne peux revenir sur le passé » ; « tu n'as pas le droit d'être en colère contre tes parents ou tes enfants, car ils ont fait ou font ce qu'ils peuvent » ; « un homme ne pleure pas » en sont de simples exemples. Notre mental est très doué pour inventer ce genre de remarques ou pour s'en souvenir afin de nous empêcher d'aller de l'avant et de nous donner la permission d'exprimer. La seule et unique façon de s'autoriser va devoir passer par l'extinction du mental. Si nous n'avons pas éteint le mental, aucune vraie expression ne peut avoir lieu, car c'est lui qui est constamment en train d'essayer de nous couper de nous-mêmes.

Paul, qui participe à un stage OGE, ressent qu'il est très en colère contre son père qui a toujours été très dur envers lui et l'a très souvent rabaissé. Il a envie d'exprimer cette colère, mais ne sait pas comment faire. Paul va alors mettre en pratique la méthode OGE, c'est-à-dire dans un premier temps éteindre le mental pour passer dans un deuxième temps à l'expression. L'extinction va se faire en prenant conscience de son corps physique et sensoriel tel que décrit à la p. 131 ; immédiatement après, Paul va laisser remonter une scène dans laquelle son père s'est montré blessant et violent envers lui verbalement. Il doit entrer dans la scène en tant qu'acteur et non la regarder comme un spectateur (mental), la laisser se dérouler jusqu'au moment le plus douloureux ou le plus violent, faire un arrêt sur image et laisser résonner en lui ces mots blessants afin de bien ressentir la colère qui va se loger dans son ventre ou dans son bas-ventre. Puis, vient l'expression qui peut se faire par des cris qui peuvent être accompagnés par des coups portés sur une souche d'arbre ou sur un tronc ou en fracassant un caillou sur un autre, par exemple. Paul sent remonter cette colère de façon très physique jusqu'à la gorge puis, une fois qu'il l'a totalement exprimée, ressent une grande détente avec une impression de légèreté, de mieux respirer. Souvent, une profonde joie accompagne cette délivrance.

Nous venons de décrire l'ensemble du processus d'expression mais il faut rester conscient que le mental va intervenir afin de bloquer ce dernier à tous les stades du processus. Comme nous l'avons déjà mentionné, il peut faire en sorte que Paul ne pénètre pas véritablement dans la scène mais ne reste que spectateur, ce qui va l'empêcher de parvenir à ressentir physiquement la colère. Il peut intervenir lors de l'arrêt sur image afin que tout le processus s'arrête ; il peut bloquer l'expression elle-même en autorisant Paul à dire sa colère à son père mais en lui interdisant d'aller jusqu'au bout de ce qu'il ressent vraiment au fond de lui, c'est-à-dire l'envie de voir son père disparaître dans cette scène particulière. Nous voyons que le mental est très puissant mais que Paul peut parvenir à ses fins en l'éteignant chaque fois qu'il réapparaît, ce qui se manifeste toujours dans son corps par une tension.

Le ressenti de la colère à l'encontre des personnes que nous aimons le plus peut être et est souvent très violent. Nous pouvons avoir envie par moments de « tordre le cou », de « fracasser », de « faire taire définitivement», de «tuer» l'autre. Cela est une réalité et je mets au défi quiconque de ne jamais avoir ressenti cela de façon très brève; certes, c'est peut-être regrettable ou triste, mais pourquoi se mentir à soi-même (et aux autres par la même occasion!) et ne pas accepter cette simple réalité: nous avons envie parfois de supprimer celui ou celle qui nous a fait ou nous fait du mal. Cela existe et ne pas l'accepter entraîne plusieurs conséquences néfastes: une tension qui subsiste en nous qui peut à son tour entraîner un mal-être, des symptômes et des maladies. Cela bloque aussi des énergies en nous-mêmes et va nous empêcher d'aller de l'avant en nous laissant dans l'amertume et la rancune. Une personne renfermant en elle ces deux ressentis rayonne de façon très négative et peut à tout moment entrer dans la violence sous la forme par exemple d'une crise de rage lors de laquelle elle s'avérera très destructrice pour son entourage. En résumé, ne pas accepter que notre colère puisse nous faire désirer de supprimer l'autre entraîne une violence envers nous-mêmes et une violence envers l'autre. Le mental intervient à nouveau dans cette non-acceptation puisque c'est lui qui va nous murmurer que de ressentir l'envie de tuer celui qui nous a mis en colère «n'est pas bien». Certes, aller tuer l'autre physiquement est un acte inadmissible et il n'est nullement dans mon intention de l'encourager, mais s'autoriser à ressentir cela et l'exprimer pour soi-même, hors de la présence de l'autre, est à encourager et ne peut faire que du bien non seulement à celui qui ressent la colère mais aussi à l'autre. En effet, s'autoriser à vivre cette colère est un acte d'amour envers soi-même et par la même occasion un acte d'ouverture envers l'autre. Une fois la colère exprimée dans son entier, l'échange dans l'ouverture avec l'autre peut se faire. «Nous ne pouvons pas nous aimer, nous respecter, nous comprendre si nous ignorons les messages de nos émotions, ce que, par exemple, veut nous dire la colère. Pourtant toute une série de mesures et de techniques "thérapeutiques" ont pour but la manipulation de ces émotions[2].»

La morale derrière laquelle beaucoup de bien-pensants se cachent est encore une des facettes du mental. «Tu ne tueras point» signifie que nous devons respecter l'autre, ne pas l'agresser mais aussi que nous ne devons pas avoir l'intention de le faire physiquement, ce qui est une évidence pour toute personne. Cela ne signifie pas comme les censeurs ont souvent tendance à nous l'expliquer que nous ne devons pas ressentir de la colère ; or, cette interprétation se trouve être trop souvent celle qui nous a été imposée et qui continue à l'être. Une version plus moderne mais tout autant pernicieuse est celle adoptée par les « connaisseurs » de l'énergie : il est mauvais d'exprimer une colère envers quelqu'un (hors de la présence de celui-ci), car cela va entraîner un transfert d'énergie négative et dangereuse pour la personne en question. Ce qui a été écrit précédemment est une réponse très claire à ce type d'arguments qui n'est qu'une création du mental et ne repose sur aucune vérité. Ces deux types d'exemples sont révélateurs d'une tendance bien ancrée dans beaucoup de mouvements passés ou actuels : tout faire pour ne pas ressentir (notamment la colère) et par voie de conséquence se nier le droit d'exister. Tout cela est fait au nom de l'amour universel ou autre. Que de mensonges et quel danger pour l'individu pris au piège de ces vendeurs d'illusion ! Je peux constater les dégâts de ces théories et mouvements divers depuis 18 ans dans mon cabinet de façon quotidienne... Interdire à l'individu de ressentir ce qui est, de l'exprimer et de le vivre au nom de l'amour est une façon d'empêcher l'individu de s'apporter la plus belle chose qu'il puisse s'apporter : l'Amour.

Beaucoup de personnes se targuant de mettre en pratique la philosophie bouddhiste refusent aussi « d'entrer dans le cercle infernal et destructeur de la colère ». Je me permettrai simplement de leur faire remarquer que « le Bouddha n'a jamais préconisé la répression de la colère[3] » et que « certains croient que les enseignements bouddhistes sur les inconvénients de la colère prescrivent d'éviter celle-ci à tout prix, et que, si nous y cédons, c'est que nous sommes mauvais et coupables. Le Bouddha n'a jamais rien dit de tel[4]. » Certes, la façon dont on traite cette émotion par la suite est différente de celle proposée dans cet ouvrage de par le fait que le but est de maîtriser puis de transformer cette énergie « négative en une énergie positive ». La pratique de la Pleine Conscience (respiration et marche conscientes) se trouve en parfaite harmonie avec ce qui est proposé dans cet ouvrage sous le label d'éteindre son mental et la transformation est une notion très théorique afin d'atteindre le même but : l'Amour.

En effet, certaines personnes argumentent que le fait de vivre sa colère en tapant sur un objet « entretient la colère » plutôt que de la faire disparaître, que cette technique ne permet pas à celui qui la pratique d'atteindre l'énergie d'Amour. Certes, si une personne s'adonne à ce style d'exercice sans avoir préalablement éteint son mental, elle entretient sa colère puisqu'elle n'est pas en contact avec son émotion et ne peut alors la ressentir ni la vivre. Par conséquent, elle entre dans un processus d'entretien qui est négatif. Mais si elle se met à l'écoute de son corps, ce dernier va immédiatement lui faire comprendre qu'elle fait quelque chose de faux par rapport à elle-même, cela se traduisant par une tension physique résiduelle. Il lui faut alors éteindre son mental pour pouvoir entrer dans le vrai ressenti de l'émotion afin de pouvoir l'exprimer. C'est à ce moment-ci que la détente profonde physique est ressentie ainsi que l'énergie d'Amour. Recommander à une personne de ne pas vivre l'émotion n'est à mes yeux, et ceci est vérifié par des années d'expérience, qu'une autre façon très illusoire d'aborder le problème.

Chapitre 2

La différence entre maîtriser son mental et éteindre son mental

Il me semble important que le lecteur puisse comprendre la différence essentielle entre deux techniques qui peuvent être complémentaires tout en étant fondamentalement différentes : maîtriser son mental et éteindre son mental. S'il est souhaitable que de plus en plus de personnes, de groupes et de regroupements de toutes appartenances s'intéressent à ce sujet, il faut bien reconnaître que tout et n'importe quoi est proposé sur le marché juteux de la « spiritualité ». Nombre de techniques allant de la simple relaxation à la méditation de haute volée sont à la disposition de chacun. Cela est parfait tant que les choses sont clairement définies par celles et ceux qui proposent de telles techniques. J'insiste sur le terme « technique », qui me semble beaucoup plus approprié que d'autres termes utilisés tels que « approche spirituelle, holistique, philosophique » ou même « religieuse ». Il est toujours bon de faire la différence entre un outil à la disposition des gens et la finalité, fait que bien des thérapeutes (y compris les médecins) ou autres personnages semblent souvent ignorer ou ont oublié à force de se concentrer sur le moyen.

La maîtrise du mental

La maîtrise du mental peut être définie de la façon suivante : utiliser son mental afin que celui-ci ne nous utilise pas. En d'autres termes, cela signifie faire des exercices mentaux afin de canaliser le mental, afin d'éviter et de prévenir qu'il fasse de lui-même n'importe quoi (ce en quoi il est très performant, malheureusement !).

Prenons un exemple pour illustrer ce que signifie ce qui vient d'être dit précédemment. Je suis dans mon mental, qui m'entraîne dans des peurs et éventuellement dans une panique ou une phobie. Afin que cela se calme, j'imagine me trouver sur une plage de sable fin, le soleil me chauffant la peau et la mer bleue avec ses vagues s'échouant à mes pieds. En respirant de façon profonde et en me concentrant, je vais progressivement ressentir la texture du sable, la chaleur du soleil sur ma peau, entendre et éventuellement voir les vagues s'échouer à mes pieds. Il est certain que pendant ce temps, ma panique, ma phobie et mes peurs disparaissent. Un calme et un mieux-être vont progressivement s'installer en moi.

Mon mental est plus silencieux mais a-t-il disparu ? Suis-je dans le moment présent, dans l'ici et maintenant ? Suis-je en contact avec mes ressentis et mes émotions ? Suis-je en contact avec mon intuition, avec ma créativité ? Suis-je en contact avec mon noyau fondamental, avec mon être profond ? À toutes ces questions, la réponse est non. Imaginer peut être un acte de création et donc non mental, mais dans le cas ci-dessus, imaginer est un pur acte mental. C'est toujours le mental qui va me faire ressentir des choses issues de mon passé mais n'ayant aucune réalité dans mon présent, puisque je suis dans l'ici et maintenant allongé sur un matelas dans une salle de soins dont la porte est fermée, avec une dizaine d'autres personnes se prêtant au même exercice que moi sous la direction d'un thérapeute, de sa voix et de la musique de fond... Il y a fort à parier que dès le retour au moment présent, je reparte très vite dans mon mental et dans ses créations. Mais il est vrai qu'alors je pourrai réutiliser l'outil afin de me calmer à nouveau. Seul inconvénient majeur : la salle ne sera plus là, ni la voix du thérapeute, ni la musique relaxante...

Bien entendu, il existe d'autres exercices de visualisation qui ne nécessitent pas forcément la présence d'une tierce personne, mais les objections restent valables.

Les techniques de pensées positives sont bien connues et relèvent de la même approche : utiliser son mental, l'occuper à penser à quelque chose de positif plutôt qu'à quelque chose de négatif. Mais nous sommes toujours dans le monde du mental, ne serait-ce que par la dénomination de la technique. Il n'y a en effet que le mental qui puisse émettre un jugement. Lorsque le silence mental existe, toute notion de jugement, de comparaison disparaît ; le positif ou le négatif n'existe plus.

La plupart des techniques méditatives, bien que je n'oserais prétendre les connaître toutes et les avoir toutes pratiquées, relèvent de la même approche. Elles permettent la dédramatisation du problème observé ou analysé, mais quelle est la partie de nous-mêmes faisant cela ? À coup sûr le mental.

Éteindre son mental

Le deuxième type de technique est d'éteindre le mental, de faire en sorte qu'il ne soit plus du tout présent, ni actif d'une quelconque manière que ce soit. Nous pouvons aisément y parvenir en revenant à notre corps physique et sensoriel.

Cela se fait en prenant conscience de l'inspiration et de l'expiration, en concentrant son attention sur ses pieds, ses chevilles, ses mollets, ses genoux, et en remontant ainsi jusqu'à la tête. Une fois la conscience effective du corps physique retrouvée, nous pouvons alors passer à la conscience des cinq sens : les bruits de la nature ou de la pièce, la lumière derrière les paupières closes, le goût dans la bouche, le toucher du fauteuil ou d'un autre élément sur lequel on se trouve assis, et l'odeur existant dans la pièce ou dans l'endroit dans lequel nous nous trouvons. La technique est décrite en détail à la p. 131.

Cette technique est certainement la plus simple ; elle ne demande aucun matériel spécifique ni aucun lieu adapté à sa pratique. Elle peut être pratiquée, avec un peu d'entraînement, dans n'importe quel lieu, dans tous les moyens de transport, lors de réunions de travail, dans la position assise, debout ou couchée. Elle permet de façon très efficace et rapide d'éteindre le mental. Certes ce dernier va revenir, mais si l'exercice est alors immédiatement repris, il va à nouveau disparaître, jusqu'à la prochaine fois... Petit à petit, nous allons prendre conscience beaucoup plus vite de l'apparition du mental et pouvoir l'éteindre encore plus vite. Cette prise de conscience signifie que nous sommes bien plus attentifs à nous-mêmes et par conséquent bien plus présents dans l'ici et maintenant.

Toute technique permettant la prise de conscience du corps physique et sensoriel va entraîner l'extinction du mental : les approches utilisant la danse, la musique, le chant, par exemple, sont à même de permettre à ceux qui les pratiquent de reprendre pied dans le moment présent.

Afin d'illustrer ce que nous venons d'écrire, prenons un exemple pratique : Monique doit affronter un problème bien réel dans sa vie actuelle. Elle est mariée et son mari la trompe. Ce problème la tourmente, elle ressent un mélange de sensations et passe par des moments de rage, de frustration, de peurs devant l'avenir et de culpabilités par rapport au passé. Elle pense qu'elle doit divorcer, puis pense qu'elle devrait se venger en prenant un amant, puis qu'elle devrait pardonner. Elle ne se sent pas bien physiquement, dort mal, se montre très irritable avec les autres personnes de son entourage. En bref, elle est tendue et très mal dans sa peau.

Afin de se sentir mieux et de rester plus calme devant ce problème afin de pouvoir éventuellement le résoudre, elle a trois possibilités.

D'abord, Monique peut décider que ce problème ne lui occasionne plus toutes ces manifestations désagréables. Bien entendu, le problème restera entier mais elle décide qu'elle n'y pense plus et qu'une solution se présentera un jour qui lui permettra de le régler. Cette décision est une création pure de son mental, qui ne peut être efficace. En effet, elle fait fi de ses émotions qui par conséquent restent bien présentes même si elle ne veut plus les ressentir (et même si elle y arrive éventuellement !), elle nie la réalité de ce que ce problème entraîne en elle et il y a fort à parier que toutes les manifestations subsisteront et risquent même d'empirer. Qu'utilise Monique pour ce faire ? Son mental. Elle va se rendre compte très vite qu'il est impossible de décider avec son mental d'arrêter le mental.

Deuxièmement, Monique peut utiliser son mental afin que celui-ci ne l'utilise pas, elle. Pour adopter cette façon de procéder, elle va devoir employer des techniques simples ou compliquées qui auront pour but de calmer ses angoisses, ses peurs, ses culpabilités et aussi les émotions trop fortes génératrices de tension importante.

La visualisation sous toutes ses formes peut être utilisée : visualiser une scène plaisante, des chiffres ou bien d'autres choses. Cela devra se faire dès que Monique pense à ce problème, dès qu'elle commence à ressentir une tension trop grande et, si elle y arrive, dès que la moindre tension se fait jour.

Elle peut aussi s'appuyer sur la méditation en essayant grâce à cette technique de dédramatiser le problème, de le regarder tel qu'il est et non tel que son mental lui dit qu'il est. Elle peut arriver, avec un peu d'entraînement, à parvenir à la conclusion que ce fait n'est qu'une péripétie de la vie, que sa propre vie n'est pas en danger et enfin que ce qu'elle ressent (tristesse et colère) n'est encore qu'une création de son mental et n'a par conséquent pas lieu d'exister...

Ces diverses techniques, comme nous l'avons vu précédemment, permettront le retour à un certain calme momentané, à une libération des tensions produites par le mental de Monique. Elle pourra ainsi se sentir pendant un moment plus ou moins long plus détendue, moins angoissée, et un certain bien-être physique pourra en résulter. Mais dès que le problème (à savoir son mari) se représentera à ses yeux, il y a fort à parier qu'elle devra au plus vite retourner à ses exercices afin de se libérer des tensions qui ne manqueront pas de revenir.

Utiliser notre mental afin qu'il ne nous utilise pas est une approche très à la mode d'une part mais aussi très prisée par ceux qui souffrent. En effet, ces techniques sont très « élégantes ». Elles ne demandent pas d'aller au fond de ses tripes et permettent de « régler » certains problèmes en les poussant de côté ou, pire, en les niant. Nier ou minimiser les émotions liées au problème par une analyse mentale peut en effet paraître brillant (et va bien entendu flatter l'ego de la personne qui participe à ce jeu mental), mais n'a jamais réussi à faire réellement disparaître celles-ci. Il va alors subsister une tension, qui peut à son tour être niée à l'aide de ces mêmes techniques, et tout le monde est satisfait : le thérapeute et la personne souffrante. Monique peut être très attirée par cette façon de procéder, car elle aura l'impression de pouvoir affronter plus aisément son problème, elle se sentira moins tendue de façon générale et elle aura éventuellement l'impression de mieux gérer ses émotions. Tout cela est bien et ne saurait être balayé d'un revers de la main, mais reste un jeu de l'ego, donc du mental. Utiliser le mental afin qu'il nous utilise moins est une technique intéressante à la condition qu'elle reste un moyen permettant à Monique de passer à un stade plus avancé, qui est celui de l'extinction du mental. En effet, nier ou simplement constater (prendre conscience) que des émotions existent sans les vivre est un jeu dangereux. Nous savons ce qu'il advient des émotions non vécues : elles continuent à exister, créent des tensions et vont engendrer des mal-être, des symptômes et des maladies les plus diverses et graves...

La troisième possibilité est d'éteindre le mental. Revenir dans le moment présent, c'est-à-dire dans son corps physique et sensoriel. Cette technique permet à Monique de retrouver une détente physique partielle mais bien réelle, en éliminant les peurs, les angoisses et la culpabilité. Bien entendu, son problème reste bien vivant ainsi que les émotions engendrées par le fait que son mari la trompe. Être à nouveau dans le moment présent entraîne deux choses : se mettre en contact avec ses émotions et avec son être profond.

La colère et la tristesse devront être vécues par Monique, ce qui suppose que celle-ci doit accepter de reconnaître ces dernières, de les ressentir et de les vivre. Certes cela demande un effort et aussi une grande humilité. Accepter qu'un événement déclenche en elle des ressentis peut constituer une démarche moins plaisante que de nier ce fait. Vivre ses émotions demande aussi beaucoup de courage dans un premier temps. Mais ces deux acceptations et actes sont des petites touches d'Amour que Monique peut se donner à elle-même. Ce faisant, elle reprend ou continue à se donner le droit d'exister, plutôt que de se nier ce même droit. Son corps va immédiatement lui signifier par une profonde détente et un profond bien-être qu'elle est sur la bonne voie, à la condition qu'elle aille jusqu'au bout de l'expression de ses émotions.

Renouer le contact avec son savoir inné, avec son être profond va être le deuxième bienfait de cette technique. Retrouver son intuition, son intelligence profonde et sa sensibilité va permettre à Monique de trouver une solution à ce problème ou une façon d'aborder ce problème avec son mari qui ne soit ni réactive ni violente. Elle pourra entamer un dialogue avec ce dernier ou lui faire part de ce qu'elle ressent en étant débarrassée de la colère. Ce dialogue se fera de son côté dans une vraie ouverture, car elle se sera donné auparavant, en exprimant ses émotions, de l'Amour. Du même coup, son mari recevra ce que Monique désire lui dire. En étant dans le moment présent et sans tension, Monique pourra rester ferme et ne pas faire de compromis inacceptables pour elle-même, mais saura aussi être réceptive au discours de son partenaire. Il y a de fortes chances qu'ils pourront trouver ensemble une voie afin de résoudre au mieux cette situation.

Nous constatons que cette technique, bien que plus difficile à adopter dans un premier temps, est beaucoup plus efficace que les autres, qu'elle permet d'obtenir un mieux-être profond et durable de façon rapide. Elle génère une reprise de confiance en soi-même et par ce biais une communication avec l'autre bien meilleure. Ne pas éteindre son mental et ne pas vivre ses émotions entraîne la perte de confiance en soi-même et la non-communication. Rester dans les récriminations, la colère, les jugements provoque chez l'autre la non-écoute ou la violence. La fermeture entraîne la fermeture chez l'autre et vice-versa. Le non-amour et le non-respect de soi-même n'ont jamais entraîné l'Amour.

Chapitre 3

La violence

Il n'est pas dans mon intention d'écrire un traité sur ce vaste sujet qu'est la violence, mais simplement de partager une expérience acquise pendant plus de 17 ans dans le cadre d'une pratique en tant que médecin généraliste et pendant huit années passées dans les zones de conflits armés. La violence est en effet une des grandes manifestations présentes chez bon nombre de personnes venant consulter.

De façon schématique, nous pouvons considérer qu'il existe deux grands types de violence :

- la violence exercée envers soi-même ;
- la violence exercée envers l'autre.

La violence exercée envers soi-même

Toute personne souffrante est victime de violence envers soi-même ; celle-ci est par conséquent extrêmement fréquente, mais, bizarrement, c'est celle dont on parle le moins.

La violence exercée envers soi-même peut revêtir de multiples formes telles que :

- le mal-être et la maladie ;
- les peurs ;
- la culpabilité ;
- le manque de confiance en soi.

Qu'est-ce que la maladie ?

Comme je l'ai déjà exposé dans mon livre *Les tremblements intérieurs,* il y a deux façons d'aborder la maladie, qui vont à leur tour déterminer deux types d'approche thérapeutique diamétralement opposées.

La maladie fatalité

Dans la maladie fatalité, tomber malade résulte de l'intrusion d'un virus, d'une bactérie ou d'un champignon dans un corps dont les défenses sont diminuées ou du développement de cellules anormales qui ont un potentiel de développement plus rapide que les cellules normales, dans le cas des cancers par exemple. Les symptômes et les souffrances occasionnés doivent alors être combattus par tous les moyens afin de pouvoir guérir la maladie ou du moins d'en limiter l'aggravation. La lutte contre la maladie passe ainsi par l'utilisation de tout un arsenal thérapeutique allant du médicament anti-symptôme jusqu'à des moyens beaucoup plus lourds afin de contrer la maladie, de la faire reculer ou disparaître.

Aider une personne souffrante va consister à lui donner un remède afin que ses souffrances soient diminuées ou deviennent supportables, tout en lui disant que les causes profondes de sa souffrance ne peuvent être traitées, car elles sont issues d'un contexte dans lequel nous évoluons tous et sur lequel nous n'avons pas beaucoup de prise... La « prise en charge thérapeutique » se fait très souvent dans le pouvoir avec d'un côté le patient qui souffre et de l'autre le médecin qui connaît les moyens de lutter contre le symptôme et va « ordonner » la prise de tel ou tel médicament. La personne souffrante est démunie, difficilement capable de prendre des décisions pour elle-même, totalement déresponsabilisée.

Cette approche est réductrice à mes yeux ; elle ne permet pas à la personne qui souffre de guérir. Même si le médicament n'est pas trop fort et ne « casse » pas la personne physiquement et psychologiquement via ses effets secondaires, elle ne conduit pas au respect de soi-même. Le patient continue à être dépendant, reste soumis à la cause profonde de son mal et n'apprend pas grand-chose sur lui-même. Il vit dans l'espoir que la fatalité va cesser de s'acharner sur lui et qu'il pourra ainsi continuer à vivre sans pour autant être atteint à nouveau par le mauvais sort. La maladie n'a servi qu'à prendre conscience du fait que « nous sommes bien peu de chose face à elle ». Le thérapeute quant à lui est tout-puissant, il détient le savoir sans lequel le patient continuera à souffrir de ses maux. Il confirme à ce dernier qu'il n'a aucune prise sur les causes profondes de ce dont il souffre, ce qui revient à lui dire qu'il ne peut que subir, qu'il n'a pas beaucoup de prise sur sa propre santé et sa propre vie.

Le concept de maladie fatalité en cours dans nos pays occidentaux et dans d'autres parties du monde profite à une multitude de groupes socio-économiques : beaucoup de patients ne souhaitent pas être responsables de leur santé ; le système politique, le monde médical et paramédical vont ainsi continuer « à prendre en charge » l'individu ; les assurances et les entreprises pharmaceutiques gagnent beaucoup d'argent ainsi que tous les groupes liés de près ou de loin à cette conception de la société. Ce concept débouche sur une triste réalité : nier à l'individu le droit d'exister par et pour lui-même... Il est le non-amour mis en musique par une grande partie du monde médical, ce qui est un comble de cynisme et de malhonnêteté.

La maladie message

Dans la maladie message, le corps de la personne souffrante, qui est son meilleur ami, essaie de lui parler, de lui faire comprendre un message via les symptômes ou les maladies dont elle souffre. Ces derniers sont alors autant d'informations transmises par son corps afin de comprendre en quoi elle ne se respecte pas. En même temps, il transmet les informations sur ce qu'il faut faire afin de faire cesser ces mêmes symptômes ou maladies. Le corps n'est plus alors l'empêcheur de vivre mais bien au contraire un précieux allié, qu'il faut écouter afin de parvenir à la guérison et au mieux-être. La maladie n'est plus l'ennemie mais une amie en quelque sorte, présente pour permettre à l'individu de se retrouver à part entière. Il ne sert alors à rien de la combattre, de se battre contre elle ; il faut bel et bien se battre pour soi-même, afin de parvenir à la guérison. La maladie est présente afin d'attirer l'attention de celui qui en souffre sur ce qu'il fait « faux » par rapport à lui-même. Elle est à la fois un signal d'alarme et un merveilleux message d'espoir.

Aider va alors se concevoir comme un accompagnement de la personne souffrante dans le retour au respect d'elle-même. L'aider à découvrir ce que vient lui dire son corps au travers de ce qu'il présente revient à aller chercher les causes qui peuvent être de multiples origines. La maladie ne « tombe » pas sur la tête de quelqu'un du jour au lendemain sans crier gare. Toute personne ayant souffert peut témoigner du fait que de nombreux signes ont été donnés par le corps avant que n'apparaissent les symptômes ; le signe le plus couramment rencontré est une tension ressentie physiquement mais le plus souvent ignorée ou minimisée par le futur patient. Cette tension peut perdurer et se transformer en quelque chose de plus palpable : fatigue, irritabilité, vulnérabilité inhabituelle, lassitude, troubles légers du sommeil, par exemple. Si, à nouveau, la personne « ne s'attarde pas sur ce genre de détails », tout en disant qu'elle est stressée (autre manière habituelle de dire qu'elle est tendue !), des réactions vont voir le jour dans le corps : les défenses immunitaires, tout en étant présentes, sont inactivées, permettant ainsi au virus, à la bactérie, au champignon ou aux cellules anormales de faire leur travail dans le corps ; la personne tombe alors malade.

Nous voyons que lutter contre le symptôme est très illusoire, vu que la cause (à savoir la tension) subsiste. Tout au plus un répit sera-t-il obtenu, mais ce dernier sera de courte durée. Cela revient à éponger toutes les heures une flaque d'eau sans se soucier d'aller colmater la fuite occasionnant la flaque. Néanmoins, découvrir que la maladie a été précédée par une tension ne rime pas avec guérison ; il faut par conséquent remonter dans le temps et se poser la question suivante : d'où provient cette tension ?

Une tension est toujours la résultante d'une bagarre entre deux forces opposées : en l'occurrence le mental et le noyau fondamental ; l'un étant dans le futur ou le passé, l'autre étant dans le moment présent ; l'un empêchant l'autre de ressentir et de vivre ses émotions de joie, de tristesse ou de colère. L'un étant le non-amour de soi-même et des autres, l'autre étant Amour. La maladie étant la résultante de cette bagarre entre deux parties de l'être humain, la guérison ne peut s'obtenir qu'en faisant la paix, en s'apportant à nouveau de l'attention, de l'écoute, du respect, en s'octroyant à soi-même de l'Amour. Comme le disait dernièrement une de mes patientes, « le meilleur médicament étant l'Amour, cela ne devrait pas coûter très cher aux divers systèmes de santé ». Certes, mais parvenir à s'accorder un peu d'amour est un travail difficile, semé d'embûches tendues par le mental...

Nous nous apercevons que la maladie est la résultante d'une violence inouïe que la personne souffrante s'inflige en se coupant d'elle-même, de son vécu et de ses ressentis. Qu'y a-t-il de plus violent que de priver un être humain de sa liberté de ressentir et d'être aimé ? Malheureusement, nous sommes tous excessivement doués pour nous infliger à nous-mêmes ce que nous ne pourrions même pas imaginer d'imposer à ceux que nous aimons.

Comment pratiquement retrouver le contact avec son noyau fondamental ?

Deux étapes sont nécessaires pour retrouver le contact avec son noyau fondamental.

Éteindre le mental

C'est l'étape obligatoire sans laquelle il est impossible de passer à la deuxième. Elle permet d'arrêter de gamberger et de se reconnecter avec le moment présent. Il n'y a en effet que dans l'ici et maintenant que l'être humain existe, qu'il est en contact avec son noyau fondamental et avec le reste de l'univers. Hier est passé, demain peut-être arrivera, mais maintenant est la seule réalité dans laquelle il *est,* à la condition que l'être humain soit déconnecté de son mental. Dans le moment présent l'intuition, la sensibilité, le savoir inné existent et vont forcément apporter la clarté et la compréhension profonde (et non seulement intellectuelle) de la signification de la maladie et de ses causes réelles.

Jean, âgé de 45 ans, entrepreneur ayant eu à affronter certains problèmes dans son entreprise au cours des deux dernières années, sportif et en excellente santé habituellement, a subitement souffert d'un infarctus sévère. Celui-ci est arrivé « comme un coup de tonnerre dans un ciel bleu » et Jean, sur l'insistance de sa femme, vient me consulter deux mois après cet événement qui n'a pas laissé de séquelles physiques. Après l'avoir écouté, je lui demande ce que son corps a tenté de lui dire au travers de cet infarctus. Il me répond que celui-ci a suivi une très grande période de stress qui a duré deux ans, au cours de laquelle il a eu très peur de perdre son entreprise. Il est certain qu'il doit y avoir un lien de cause à effet avec ce stress, mais ne comprend pas pourquoi son corps ne lui a parlé qu'une fois les soucis terminés, alors qu'il commençait à se détendre, à reprendre de façon régulière son jogging quotidien. De plus, pendant les deux années difficiles, il avait fait très attention à son corps en continuant de faire de l'exercice physique, à manger correctement et à ne pas abuser de l'alcool. « Et au moment où tout était rentré dans l'ordre, bang !, l'infarctus survient, ce qui est incompréhensible et illogique... » Je lui demande alors de m'expliquer pourquoi il aurait trouvé « logique » d'avoir souffert d'un infarctus pendant les deux dernières années : « J'étais alors tendu comme une corde, soucieux et stressé car, à la suite d'une mauvaise affaire dans laquelle un de mes associés m'avait trompé, j'ai failli me retrouver éjecté de ma propre entreprise. Il a fallu alors redresser la situation financière, me battre afin de récupérer mon affaire, et me séparer de mon associé. Tout cela n'a pas été facile mais finalement tout est rentré dans l'ordre ; la situation est maintenant assainie et l'entreprise fonctionne bien. » Pendant ces deux années, Jean a agi, et en cela il n'y a rien à dire, mais qu'a-t-il ressenti ? Après un grand moment de silence marquant son incompréhension face à cette question saugrenue, Jean me répond qu'il a pensé à des tas de choses. Revenant sur la question de savoir ce qu'il avait ressenti, Jean finit par me dire : « De la peur, de la tristesse et une grande haine envers mon ex-associé. » Qu'a-t-il fait de cette tristesse et de cette haine ? « Rien, car je n'avais pas de temps à perdre avec tout cela et il fallait que je me concentre afin d'agir au mieux pour sauver mon entreprise. » Que ressent Jean aujourd'hui encore ? « De la peur que ce foutu infarctus revienne ! »

Après une certaine résistance, Jean a accepté de se poser les vraies questions afin de traiter vraiment les causes de son infarctus et d'en guérir définitivement. Pour cela, il lui a fallu dans un premier temps revenir dans le moment présent, car ce n'est que dans ce moment que les peurs de ce qui va arriver si la maladie continue son chemin disparaissent pour laisser la place à la lucidité : je suis malade et mon corps vient me dire que lors de tel ou tel événement je ne me suis pas permis de vivre ce que j'ai ressenti. J'ai enterré cette tristesse ou cette colère en moi afin d'agir. Certes, j'ai peut-être résolu le problème mais je n'ai rien vécu de ce que je ressentais.

Reconnaître, accepter, ressentir et vivre ses émotions

Jean a ressenti de la tristesse et de la haine, mais son problème ayant été résolu, il n'en ressent plus, me déclare-t-il de façon péremptoire. « Tout cela est du passé et étant dans le moment présent comme vous me le demandez, je vais de l'avant et ne vais pas revenir dans le passé. » Cette remarque de Jean est excellente : en effet, revenir sur le passé et voir ce qu'on aurait dû faire ou vivre est totalement inutile. Comprendre les choses *a posteriori* n'amène pas à la guérison, mais tout au plus à essayer de ne pas rééditer les mêmes actions dans le futur. Dans le cas de Jean, remuer le passé ne sert à rien, *mais* dans le moment présent, si Jean essaie de percevoir ce qu'il ressent envers son ex-associé, que trouve-t-il ? « La haine est intacte et identique à celle ressentie depuis la découverte de la tromperie datant d'il y a plus de deux ans. » Ce qui signifie que les ressentis de tristesse et de colère continuent à être bloqués par le mental, que la tension existe toujours dans le moment présent. En découvrant cela, Jean peut alors réaliser que la bombe à retardement qui a éclaté deux mois auparavant sous forme d'infarctus est toujours bien présente et que son corps risque de s'exprimer à nouveau afin que Jean fasse enfin ce qui lui a été demandé : vivre ses émotions de tristesse et de colère afin de se respecter et de s'apporter un peu d'amour.

Réaliser tout cela est déjà un premier pas important vers la guérison, mais cela reste absolument inutile tant que Jean ne se permettra pas de franchir les deux dernières étapes : ressentir et vivre la tristesse et la colère. Ce point est très important à souligner. En effet, tant que l'émotion n'est pas vécue physiquement, tout ce qui précède reste fort inutile. La compréhension n'a jamais amené à la guérison : je peux comprendre pourquoi une flaque d'eau envahit ma pièce, mais ce n'est pas pour cela que la fuite va être colmatée !

Ressentir ses émotions

Jean peut ressentir ses émotions simplement en revivant une scène lors de laquelle il ne s'est pas permis de vivre ce qu'il ressentait. Ce ressenti va très souvent être présent physiquement dans le corps au niveau du ventre, du thorax ou de la gorge ; cette « chose » est très palpable et peut être décrite par la personne qui la ressent. Jean a été absolument surpris par le fait qu'il soit arrivé à décrire la forme, la couleur et la consistance de cette chose qui est une colère bloquée par le mental. Son esprit d'analyse très rationnel était presque choqué de se rendre compte de ce qu'une émotion non vécue peut créer dans son corps et du fait qu'il pouvait presque la palper physiquement. À nouveau, je répète que parvenir à cette étape-ci est important et constitue un pas en avant vers la guérison mais qu'en rester à ce stade ne peut amener à la guérison. Ressentir physiquement la tension engendrée par le blocage de l'émotion est superbe, mais n'oublions pas que c'est cette tension qui est la responsable de tout ce qui en découle : la paralysie des défenses du corps qui entraîne l'apparition des symptômes et de la maladie. En rester là alors que nous sommes si près du but serait tellement regrettable.

Vivre ses émotions

Il faut alors passer à la dernière étape : vivre l'émotion, c'est-à-dire sortir de soi cette « chose » perçue dans son corps, la vomir en quelque sorte. Cela se fait seul afin de se faire du bien à soi-même ; le but étant de se soulager de cette tension afin de ressentir une détente profonde et non afin de punir l'autre ou de le faire changer. Le lieu peut être la nature, l'intérieur de sa voiture, sa maison ou tout autre endroit dans lequel on ne peut être dérangé ; des bouts de bois mort, des cailloux, des linges, tout autre objet pouvant servir à taper sur quelque chose peuvent être utilisés comme support afin de s'aider à allier le geste à l'évacuation sonore de la colère. J'insiste sur le fait que l'expression passe par une évacuation sonore ; en effet, imaginer que la colère est dite à l'autre reste une construction du mental et n'est pas du tout le but de l'exercice dont nous parlons. Cette évacuation peut se faire sous forme de cris, de paroles ou d'un mélange des deux. Peu importe ce qui est dit étant donné que l'expression ne se fait pas en face de l'autre mais afin de se faire du bien, ce qui revient à dire que des mots seuls peuvent être utilisés et répétés. Chacun va trouver sa façon, celle qui lui convient le mieux, et les exemples donnés ci-dessus sont loin d'être exhaustifs. L'important étant qu'à la fin de l'exercice Jean puisse se sentir plus léger, qu'il respire mieux et qu'il ressente un bien-être qui ne s'installe pas forcément dans les secondes qui suivent l'évacuation de la « chose », mais dans les heures suivantes. Un test peut être utilisé afin de savoir si l'évacuation a été totale : revivre la scène choisie au départ et ressentir si une tension existe toujours ou non ; s'il en existe encore, cela signifie que l'évacuation n'a pas été complète et qu'il faut alors refaire l'exercice proposé.

La démarche est la même pour l'expression de la tristesse :

- la reconnaître ;
- la ressentir physiquement en soi-même ;
- l'exprimer.

L'expression de la tristesse, évidemment, ne nécessite aucun objet particulier et peut se faire dans un endroit de son choix dans lequel la personne se sent à l'aise et isolée. Le test de vérification, afin de se rendre compte que toute la tristesse a été évacuée, reste le même que pour la colère.

Faire cet exercice une fois peut être suffisant afin de guérir des maux légers tels que des rhumes, des sinusites ; il est parfois nécessaire de répéter l'exercice plusieurs fois afin d'exprimer des colères anciennes liées à des sujets plus importants, mais cela n'est pas une règle non plus. Il est aussi vrai que lorsque la porte aux émotions a été ouverte par la personne souffrante, elle se retrouve très fréquemment devant beaucoup d'autres émotions non vécues qui ne demandent qu'à être évacuées. Une règle d'or doit rester à l'esprit : tout ce qui remonte des profondeurs de notre être à la surface doit être exprimé, car cela fait partie du nettoyage qui ne peut faire que du bien. Souvent, des scènes vécues dans lesquelles la personne ne s'est pas permis d'exprimer ce qu'elle ressentait alors remontent et peuvent sembler (avec l'analyse du mental) n'avoir aucun rapport avec la souffrance présente : il est très important de prendre ces scènes et d'exprimer l'émotion (ou les émotions) liée(s) à celles-ci sans forcément essayer de comprendre le pourquoi et le comment. J'ai constaté très souvent que ces scènes se révèlent être très importantes dans la genèse de la maladie ou du mal-être.

En résumé, nous pouvons affirmer grâce à l'expérience vécue par des milliers de personnes souffrantes ce qui suit :

Le ressenti et l'expression de l'émotion constituent une étape capitale dans le processus de guérison, car le blocage par le mental de l'émotion liée à un événement vécu est à la base et est la cause de tout le processus qui mène au mal-être et à la maladie. La maladie n'est en réalité qu'une expression par notre corps qui est notre meilleur ami venant avertir la personne souffrante du fait qu'elle n'est pas en train de se respecter en ne s'autorisant pas à vivre ce qu'elle ressent. Cette violence exercée envers soi-même, qui est du non-amour, ne peut être effacée qu'en se rendant à soi-même le droit à l'expression et par conséquent à l'existence.

Le non-amour entraîne le mal-être et la maladie, l'Amour de soi-même entraîne la guérison et le bien-être.

La violence exercée envers l'autre

Schématiquement, il existe deux grandes catégories de violence envers l'autre :

- la crise de rage ;
- les abus de pouvoir.

La crise de rage

La crise de rage survient après une accumulation de colères bloquées par le mental et par conséquent non exprimées. La personne qui en souffre retient sa colère, mais au bout d'un moment plus ou moins long, elle « pète les plombs » et devient violente physiquement ou/et verbalement. Il s'ensuit l'expression d'une grande violence destructrice pour celui ou celle qui se trouve en sa présence ainsi que pour le milieu dans lequel se trouve la personne qui souffre de la crise de rage. Cette dernière, une fois « calmée », regrette le plus souvent son acte et se met à culpabiliser, ce qui est encore une construction de son mental. En résumé, une personne souffrant d'une crise de rage est dirigée par son mental depuis le début jusque après la fin de sa crise. La crise de rage est un processus de destruction et son expression est négative.

La colère est une émotion qui se ressent et s'exprime, comme nous l'avons vu précédemment, seul, afin de se faire du bien à soi-même. Il en résulte une détente et par la même occasion une ouverture sur soi-même par le respect et l'amour que l'on s'apporte en se permettant de la vivre, ce qui entraîne une ouverture envers l'autre. En résumé, une personne vivant ses colères est dirigée par l'Amour. La colère est un processus de construction et son expression est une démarche positive.

Nous constatons ainsi que la crise de rage n'a rien à voir avec la colère, si ce n'est qu'elle trouve son origine dans des colères non vécues et bloquées par le mental. Cette différence est très importante à souligner, car malheureusement on confond trop souvent la crise de rage et la colère, ce qui entraîne la dévalorisation de la colère en tant qu'émotion. Nombre de personnes ont vécu avec des parents ou un entourage souffrant de crises de rage ; celles-ci ont ressenti de la peur devant la violence destructrice de tel père ou de telle mère et assimilent la colère à ces crises subies. Ainsi, elles vont tout faire pour ne pas ressembler à l'être qui souffrait de ce type de crises. Elles vont alors bloquer leurs propres colères, ce qui va provoquer soit une implosion (mal-être ou maladie), soit une explosion sous la forme d'une crise de rage.

Il est regrettable que ces personnes soient confortées dans leur croyance par certaines publications et toute une ribambelle de penseurs caractérisant la colère comme étant une émotion « négative ». Comme nous l'avons déjà souligné, une émotion telle que la colère *est*; elle n'est ni négative ni positive et elle est naturelle. Sans émotion, nous ne sommes pas vivants et nous n'existons pas. Ce que nous allons en faire peut devenir positif (la vivre pour soi-même) ou négatif (la bloquer par notre mental). Il est amusant de voir que des auteurs, des coaches, des gourous des temps modernes et autres thérapeutes prônant l'amour en tant que moyen de vie puissent à ce point se tromper et tromper celles et ceux qui les lisent ou les suivent: comment peut-on en même temps juger une émotion qui est l'essence de l'être humain et parler d'Amour ? Le mental juge, érige les interdits, emprisonne l'être humain ; l'Amour est tout le contraire. Où réside l'imposture ?

Les abus de pouvoir

Les abus de pouvoir sont issus du mental. Souvenons-nous que le mental nous entraîne dans les peurs et la comparaison avec l'autre. Il nous entraîne dans les complexes de supériorité ou d'infériorité. Nous avons ainsi les deux racines qui peuvent conduire à l'abus de pouvoir : j'ai tellement peur de perdre un pouvoir que je vais devenir violent afin de le garder ; je suis supérieur et je suis prêt à tout afin de conserver cette supériorité ; je suis inférieur et je vais acquérir une supériorité en exerçant de la violence à l'encontre de celui que je pense être supérieur à moi.

D'où la violence tire-t-elle son origine ?

L'origine de la violence est la même que celle du mental puisqu'elle n'est qu'une des diverses facettes par lesquelles ce dernier s'exprime.

Un enfant naît-il violent ? Un enfant dès sa naissance est-il violent ? Non. Il peut avoir faim et se mettre en colère, par exemple, mais en aucun cas il ne sera violent. Il peut être d'une nature vive ou même brusque, mais la violence n'apparaîtra que plus tard dans son « évolution », si elle doit voir le jour en lui. Par conséquent, la violence n'est pas innée mais acquise. Il est important de souligner ce fait, car il va à l'encontre d'une certaine croyance selon laquelle l'homme est par essence mauvais et de ce fait violent. Non, il ne l'est pas à la naissance et il suffit de contempler un nourrisson pour s'en convaincre, mais il a une aptitude plus ou moins grande à adopter des réflexes conditionnés qui peuvent en faire quelqu'un de réactif et par conséquent de violent.

Les causes de la violence acquise sont multiples et il n'est pas dans mon intention de m'appesantir longuement sur un sujet que les sociologues et philosophes traitent bien mieux que moi.

L'éducation est une des grandes causes génératrices de violence. Les relations entre l'enfant ou l'adolescent et son père ou sa mère peuvent générer des conflits importants qui peuvent à leur tour entraîner une grande violence envers l'autre ou envers soi-même. De même, le système éducatif (école, apprentissage, université) est une des sources de la violence : les relations entre le professeur et l'élève, les relations entre l'élève et le système, la compétition poussée à l'extrême peuvent être des facteurs, pour ne citer que ceux-là, de révolte pouvant à leur tour déboucher sur la violence.

Toutes les exclusions sont des facteurs importants dans l'apparition de la violence : le racisme, l'injustice sociale ou d'autre origine, la pauvreté et l'intolérance sont des violences en tant que telles mais en même temps des générateurs de violence.

Les abus de pouvoir ainsi que les endoctrinements de toutes origines constituent aussi une grande source de violence, car ils entraînent le plus souvent les dépendances, les humiliations, cela pouvant se trouver autant dans le monde économique ou institutionnel que dans la sphère privée (famille, couple).

Qu'est-ce que la violence ?

La violence est le non-amour par excellence. Lorsqu'une personne (ou un groupe de personnes) en agresse une autre, elle le fait pour de multiples raisons, bonnes ou mauvaises, qui sont toutes issues du mental.

Jean est protestant. Il a été élevé dans une famille protestante et n'aime pas les catholiques. En discutant avec lui, je découvre qu'il rejette ceux-ci pour des raisons liées à son éducation principalement, qu'il émet des clichés stéréotypés sur eux et qu'il déteste cette autre religion sans réellement la connaître. Dès que l'occasion lui en est donnée, il agresse verbalement les catholiques lors de réceptions ou de dîners ; cela prend la forme de railleries, de plaisanteries plus ou moins lourdes ou de violentes diatribes à l'encontre du catholicisme et des catholiques. D'où provient cette violence ? Elle a son origine dans les discours entendus dans son entourage familial, tenus par un père qui perpétue la tradition d'une famille protestante ayant souffert de l'intolérance des catholiques au pouvoir dans la France du Moyen Âge. Est-ce autre chose que le mental de Jean qui crée ce discours d'intolérance ? Si ce dernier se remet dans le moment présent, il constatera très vite que le jugement disparaîtra pour faire place à l'observation et au ressenti.

Moshé, un homme de confession juive, est amoureux d'une femme protestante pratiquante. De façon régulière, les deux s'affrontent au sujet de la religion, l'un essayant de prouver à l'autre (et vice-versa) que son appartenance religieuse est la meilleure. Cela prend par moments des tournures verbales très violentes, moments lors desquels Moshé s'entend « prononcer des paroles qui ne sont pas de lui et qu'il regrette par la suite ». D'où proviennent ces paroles ? De son éducation principalement, de ce qu'on lui a appris ou de ce qu'il a retiré de l'enseignement qui lui a été dispensé par ses proches ou par les hommes de religion. À nouveau, le mental est présent avec son cortège de jugements, d'intolérance, de sentiment de supériorité et la porte est alors grande ouverte à l'apparition de la violence.

Nous nous apercevons à travers ces deux exemples que le mental est à l'origine du phénomène, en coupant la personne d'elle-même. C'est le petit vélo qui fait ressortir des schémas qui appartiennent à d'autres, qui induit la comparaison avec les autres, qui entraîne le fait que l'individu n'existe plus par lui-même et pour lui-même mais seulement par rapport aux autres.

C'est le même mental qui, dans un premier temps, coupe la personne de ce qu'elle ressent. En effet, que ressentent Jean et Moshé ?

De la colère principalement. Et que font-ils de celle-là ? Ils la jettent à la figure des autres tout en imaginant qu'ils s'en sont débarrassés en agissant ainsi. Admettons que cela soit vrai et posons la question à l'un d'eux afin de savoir s'il se sent mieux et détendu après avoir agi ainsi ; la réponse sera négative, car en réalité il est toujours en colère et se culpabilise d'avoir été trop violent verbalement. Dans les deux cas, le mental est toujours présent : il a bloqué une partie de la colère ressentie, ce qui explique qu'il en reste encore, et il continue à tourner dans la tête puisque la culpabilité issue du mental qui fonctionne dans le passé est présente et démontre que la personne est coupée du moment présent.

Celui ou celle qui véhicule la violence ainsi que l'agresseur sont ainsi dirigés par leur mental qui les coupe de leur colère en les conduisant à la crise de rage. Ressentant par la suite de la culpabilité, ils vont tenter de bloquer encore plus leurs colères initiales ainsi que celle induite par leur manque de contrôle sur eux-mêmes, ce qui invariablement va les conduire à une nouvelle crise de rage. Le cercle vicieux de la violence est ainsi enclenché. Une autre possibilité existe : après avoir explosé, la peur s'installe en eux, peur qui est une autre manifestation du mental. Cela explique la relation très étroite entre la peur et la violence, une personne violente pouvant passer aisément de l'une à l'autre et vice-versa.

Comme nous allons le voir, la victime de la violence peut elle aussi entrer dans le même cercle vicieux que son agresseur, ce qui la mènera de la peur à la crise de rage et vice-versa. Nous nous trouvons ainsi devant toute la complexité du problème de la violence, où tous les protagonistes sont victimes d'un seul et même mal : leur mental.

Que vit la victime de la violence ?

Victoria, âgée de 25 ans, a été agressée par son petit ami qui, lors d'une dispute, lui a administré deux coups dont l'un au visage puis l'a forcée à avoir une relation sexuelle avec lui. Elle vient en consultation quelques jours après cette agression. Elle n'est pas bien physiquement, car son hématome au visage est douloureux et le coup reçu sur le corps au niveau de la poitrine l'empêche de bien respirer. Une radiographie du thorax montrera une fracture de deux côtes, ce qui explique la gêne respiratoire. Heureusement, aucune lésion osseuse au visage ne pourra être démontrée. Victoria se sent aussi déprimée, elle a beaucoup de peine à dormir, n'a plus d'envie d'aller travailler (alors qu'elle adore son boulot), n'a plus d'appétit et n'a plus envie de se retrouver seule avec son ami. Elle se trouve nulle d'avoir accepté ce qu'elle a vécu, nulle de s'être entichée de cet homme, nulle de ne pas avoir réagi lors de la scène, nulle d'avoir accepté cette relation physique par la suite et enfin nulle d'être encore avec lui, alors qu'elle n'en a plus envie. Elle est en pleine dévalorisation d'elle-même et se culpabilise beaucoup. D'un autre côté, elle a peur de quitter son ami, peur de se retrouver seule, peur de parler de ce qui s'est passé à ses amis ou à ses parents, peur de se retrouver seule avec son ami. Que ressent-elle ? « Je me sens salie, humiliée ; je ressens de l'injustice et une immense tristesse face à ce gâchis », mais Victoria enchaîne aussitôt qu'elle aurait dû résister, répondre aux coups et ne pas se soumettre à ce qu'elle considère « comme un viol mais qui n'en est pas un, vu qu'elle s'est soumise à cet acte ». Elle a parlé de ce qui est arrivé à une de ses amies, qui lui a conseillé de porter plainte pour coups et blessures ainsi que pour viol ; elle hésite à le faire, d'autant plus qu'un ami très proche lui a dit que cela ne pouvait être un viol puisqu'il y avait eu consentement de sa part. « Je viens vous consulter car je me sens mal, je suis perdue et je ne sais pas quoi faire... »

Victoria présente une grande partie des symptômes et des réactions d'une personne ayant été victime de violence. Elle est dans le questionnement, les doutes, les peurs, le déni de ce qui s'est réellement passé et la dévalorisation totale. Tout cela se traduit par un mal-être psychique et physique. Il est important d'encourager Victoria à entreprendre une démarche « thérapeutique » afin d'éviter que le problème ne s'enkyste en elle. En effet, si rien n'est tenté afin d'aider Victoria, il y a toutes les chances que cette dernière souffre du classique syndrome post-traumatique ou de troubles d'anxiété par la suite. Par ailleurs, dans ce cas précis, ne rien faire reviendrait à confirmer Victoria dans son rôle de victime, ce qui encouragerait son ami à tenir son rôle de bourreau. Ne rien entreprendre perpétue le cycle extérieur de la violence mais aussi le cycle intérieur de la violence vécue par Victoria envers elle-même. Ce point mérite d'être souligné : la violence vécue par une victime engendre presque toujours une violence administrée par la victime envers elle-même. Celle-là se manifeste dans le cas spécifique de Victoria par le fait qu'elle se rende responsable de ce qui est arrivé, par la dévalorisation de sa personne. Le fait de penser cela constitue une agression envers elle-même, un acte de non-amour par définition. Il est capital par conséquent de stopper cette violence-ci en premier lieu afin d'espérer stopper la violence émanant de l'autre.

Que vient dire son corps à Victoria à travers tout cela ? Que son mental est en train de la diriger, ce qui entraîne tous ces symptômes. Si elle parvient à faire taire son mental, alors que ressent-elle ? De la tristesse et de la colère. Et c'est parce que ces émotions ne sont pas vécues, bloquées par le mental, que ce dernier peut reprendre le pouvoir, ce qui entraîne à son tour l'apparition des peurs et la dévalorisation. Et le cycle infernal continue sans cesse...

Celui-ci ne pourra s'interrompre que si Victoria se donne l'autorisation de faire taire son mental ainsi que de ressentir et de vivre ses émotions. Alors, le calme et le mieux-être pourront succéder à l'agitation et au mal-être. Je suis entièrement d'accord que cela est plus vite écrit que fait, mais ce n'est qu'à travers cette démarche que Victoria pourra se retrouver et alors décider de ce qu'elle désire ou non entreprendre afin d'être en paix et en harmonie avec elle-même. Si cela ne se fait pas, elle sera alors en réaction contre son ami ou en action pour faire ce qu'on lui suggère de faire, ce qui n'est pas équivalent à se respecter, tant s'en faut.

Julien, âgé de 35 ans, travaille dans une entreprise depuis une dizaine d'années en tant que manutentionnaire. Il aime son travail mais depuis un an, il va travailler avec difficulté, se sent moins efficace et extrêmement tendu aussi bien dans son lieu de travail que chez lui avec sa femme et ses deux enfants. Il souffre de maux de tête, de troubles du sommeil et d'une fatigue importante qu'il n'arrive pas à expliquer. Ces troubles se sont installés progressivement depuis une année environ et justifient de venir en consultation. Que s'est-il passé il y a un an dans sa vie ? « Cela correspond à l'arrivée dans mon lieu de travail d'un chef avec lequel je ne m'entends pas du tout, le précédent ayant pris sa retraite. » Le nouveau chef a commencé par lui dire qu'avec lui le travail allait devoir être bien fait, qu'il était là pour le diriger et que Julien avait tout intérêt à ce que cela se passe le mieux possible entre eux. Puis, il a commencé à le harceler, à lui reprocher la moindre erreur et à devenir, selon Julien, violent verbalement en le traitant d'incapable, de bon à rien. Plus Julien exécute ce que son chef exige de lui, plus ce dernier lui en demande et plus il devient agressif et désagréable. Julien n'en peut plus, se sent à bout de nerfs et désespéré, car il a peur de perdre son travail, alors qu'il fait tout ce qu'il peut pour satisfaire ce chef qui n'est jamais satisfait « et ne le sera jamais ». Il a perdu une grande partie de sa confiance en lui, se sent dévalorisé et n'arrive pas à penser à autre chose qu'à son problème.

Il se couche après une journée de travail et a peur de ce que son chef va lui dire le lendemain, fait très souvent des cauchemars qui ont pour thème son travail, se lève avec une appréhension encore plus grande ; en bref, il a l'impression de ne jamais pouvoir décrocher, y compris en week-end et pendant ses vacances. Il utilise toute son énergie afin de fuir son chef ou d'essayer d'éviter de recevoir des remarques ou des reproches qui sont aux yeux de Julien le plus souvent injustifiés et violents. Il se « sent persécuté » et totalement démuni face à ce chef qui le harcèle.

Julien est victime d'un type de violence relativement courant dans le monde du travail et communément appelé le harcèlement (ou *mobbing*). D'un côté se trouve le bourreau qui déverse sa violence sur la victime, et de l'autre se trouve la victime qui ne vit plus qu'au travers de sa peur envers son bourreau. Nous retrouvons le même type de symptômes physiques que dans le cas de Victoria, mais aussi les mêmes réactions : la perte de confiance en soi, les peurs, la fuite devant l'autre, la dévalorisation. Ces mots s'expriment en une traduction très physique dans les corps de Victoria et de Julien : une tension. Que vient dire le corps au travers de cette tension ? C'est le signe le plus simple prévenant que le mental est présent. Les corps de Victoria et de Julien transmettent ainsi le message qu'ils ne sont pas dans le moment présent et qu'ils ne sont pas en train de ressentir et de vivre ce qu'ils ressentent, mais de penser.

Les peurs, les appréhensions, la perte de confiance en soi sont en effet des créations du mental. Ce dernier entraîne Victoria et Julien dans le futur; ils se mettent alors à penser à ce qui va arriver si cela survient, à penser à ce que va engendrer telle ou telle chose ou tel acte. Alors, les peurs surgissent immédiatement. Pire, le mental peut, au vu du passé vécu, imaginer ce qui pourrait arriver dans le futur proche ou lointain. Le même mental crée la culpabilité dont souffre Victoria qui la mène à juger son attitude et à se reprocher de s'être conduite de cette façon; idem pour Julien lorsqu'il se demande ce qu'il a fait de mal afin de justifier la conduite de son chef. Le mental est par conséquent bien installé chez chacune des victimes et les entraîne dans le futur ou les ramène dans le passé; dans les deux cas, le moment présent est oublié et cela conduit alors à l'impossibilité de ressentir une quelconque émotion. Cela se traduit par des tensions aggravées par le petit vélo qui mouline à une vitesse vertigineuse, entraînant à son tour l'apparition de tensions; et ainsi de suite...

La voie vers la guérison

La guérison de la victime

Comment parvenir à aider Victoria et Julien à accepter de faire taire leur mental et à vivre leurs émotions? Quelle est la marche à suivre afin qu'ils puissent retrouver l'estime d'eux-mêmes et guérir?

Reconnaître et accepter d'être la victime d'une violence

Dans les deux situations, la victime nie le simple fait qu'elle *est* victime. Ce qui saute aux yeux de l'observateur est le plus souvent occulté par la personne qui subit la violence, que celle-là soit verbale, physique ou autre. La victime se positionne par rapport au bourreau: elle ne vit plus qu'à travers ce dernier, elle mange, dort et respire en pensant constamment à l'autre. Elle perd tout contact avec elle-même, ce qui est, consciemment ou non, le plus cher désir du bourreau. Ainsi le cercle infernal est créé et peut durer indéfiniment si la victime n'y met pas fin. Cette dernière est en effet la seule qui puisse agir, vu qu'elle est celle qui souffre alors que le bourreau non seulement ne souffre pas mais jouit de ce qui se passe et de ce qu'il vit; il (ou elle) est dans sa toute-puissance, dans le bien-être de rendre la justice et de prendre le pouvoir sur un autre être. Le bourreau est dans ses droits ou fait respecter le droit; il est « peut-être dur mais juste », a le plus souvent lui-même souffert et estime que c'est maintenant au tour de l'autre de subir.

Si nous cherchons à savoir ce que le bourreau ex-victime a ressenti lorsqu'il subissait la violence d'un autre, nous entendrons les mêmes réponses que celles données par Victoria et Julien, la grande différence résidant dans le fait que le bourreau est « fort », car il a dépassé ce stade, et en est arrivé à la conclusion que « dans la vie, il y a deux types de personnes: les faibles (qui subissent) et les forts (qui font subir) ».

La première des choses à faire est de tout tenter afin que la victime revienne à elle-même, ce qui peut se faire par le jeu des questions-réponses telles que: « Victoria, votre ami vous a-t-il frappé ou non ? » ou: « Julien, votre chef est-il agressif envers vous ou juste un peu exigeant ? » Très souvent, la réponse va être donnée de façon automatique par la victime qui va immédiatement ajouter « mais... »; quitte à paraître un peu brutal, il est alors bon de couper la personne dans sa réponse élaborée afin de la ramener à la même question mais surtout à la réponse affirmative de façon que la victime prenne conscience, non pas intellectuellement mais physiquement, qu'elle a réellement été frappée ou agressée; qu'elle prenne conscience que cette agression est très physique et qu'elle s'apparente à un viol de sa personne ou en est tout simplement un. Le mot peut paraître fort, mais dans la réalité toute agression physique ou non physique est une intrusion non désirée, exercée par une personne extérieure et ressentie comme un viol de sa propre personne par la victime. Pourquoi insister afin que la personne puisse prendre conscience de cette agression « physiquement » et non simplement intellectuellement ? Car la compréhension (qui émane de notre cerveau) n'est pas synonyme de prise de conscience. Nous pouvons tout comprendre, mais il est beaucoup plus difficile souvent de passer au vécu. Une victime aura tendance à rester dans le plan intellectuel (sans même parler du plan mental) afin de ne pas revivre physiquement son agression. Elle comprend qu'elle a été agressée par une autre personne et elle le sait mieux que quiconque puisqu'elle a subi cette violence. Mais prendre conscience signifie alors se reconnecter avec la violence subie afin d'admettre que cette dernière a bel et bien été vécue et qu'elle n'appartient pas à un étranger mais à soi-même.

Cette démarche ne doit surtout pas être une démarche intellectuelle, car si elle ne reste que cela, il y a toutes les chances que le mental reprenne très vite ses droits et entraîne la victime dans la négation de son vécu. La violence subie par Julien n'a pas de traduction physique ; néanmoins, elle est vécue par ce dernier comme étant physiquement descriptible ; chaque agression verbale de son chef est vécue comme autant de coups de poing au plexus ou ailleurs ; chaque menace entraîne une réaction physique chez ce dernier qui peut prendre différentes formes : soit une crispation, soit une contraction musculaire ou une boule dans la gorge. Ces signes fournis par le corps sont bien réels et il est important que la victime y revienne afin de parvenir à accepter qu'elle *est* une personne qui a été agressée ou qui continue à l'être.

Mais le travail ne peut s'arrêter à ce point-là ; en effet, prendre conscience et accepter que l'on a été agressé n'entraîne pas forcément la victime à accepter le fait qu'elle continue à être agressée par la violence qu'elle a subie. Victoria a reçu des coups et a été forcée à se donner physiquement à son ami ; mais est-ce à dire que les actes physiques ne se renouvelant plus, cela est le passé et du même coup qu'il n'y a plus de souffrance ? À nouveau le corps (par opposition au mental) parle et répond à cette question par la négative. La meilleure preuve peut être produite en abordant de nouveau le sujet avec Victoria : immédiatement, certains signes physiques vont réapparaître sous formes de tensions diverses et variées.

La réelle prise de conscience du fait que la victime *est* victime passe par conséquent par l'admission que la violence a bel et bien eu lieu, mais qu'elle continue à vibrer en la victime des jours, des mois et des années après. Une violence subie il y a un certain temps est encore vivante en la victime tant que cette dernière n'a pas fait le travail nécessaire pour se guérir en profondeur. Que la victime puisse se donner l'autorisation de reconnaître ce fait revêt une très haute importance ; en effet, le mental va essayer par tous les moyens de lutter contre cette reconnaissance ; le mental va tenter de nier cette réalité très physique, et il a pour ce faire à sa disposition toute une série de « trucs » très efficaces : c'est le passé, un accident transitoire ; il faut oublier ce passé, car y revenir ne change rien ! Soyons positifs et allons de l'avant ! Pourquoi souffrir en ressassant le passé ? Pourquoi ne pas pardonner, car ainsi non seulement j'oublie mais en plus je fais un bel acte ? Très souvent, l'entourage même de la victime va asséner ce genre de remarques, qui risquent de déstabiliser la personne souffrante en lui faisant croire qu'elle est anormale et que c'est peut-être bien parce qu'elle n'arrive pas à « franchir le pas », à faire ce que les autres lui suggèrent de faire, qu'elle est en effet une personne à part qui, n'étant pas dans les normes, a subi et a toutes les chances de subir à nouveau la violence. Et ainsi la boucle est bouclée : nous revenons au point de départ avec une basse estime de soi, la culpabilité et la négation du rôle de victime...

Dresser « l'état des lieux »

La victime s'étant octroyé le droit d'être victime d'un acte de violence, il lui faut alors franchir une deuxième étape ; en effet, le but n'est pas de se cantonner dans cet état, mais de dresser l'inventaire des maux tant physiques que psychiques afin de pouvoir y remédier. Il est très fréquent en effet qu'une personne agressée tente à tout prix de minimiser l'étendue des dégâts provoqués par son agression soit par peur soit par désir « de s'en sortir » au plus vite. Cette étape est importante, car elle fait prendre conscience à la personne que son agression a laissé des traces et que ces dernières sont très souvent beaucoup plus importantes que la victime ne le pense au premier abord.

Revenons à l'exemple de Julien : les traces sont physiques et psychiques ; la difficulté à s'endormir, les cauchemars, la fatigue, la vulnérabilité et les troubles de la concentration dont il souffre sont reliés au harcèlement dont il est victime et forment la part physique des traces, la perte de confiance en soi et les peurs formant la part psychique. Mais il est aussi important de considérer les implications plus indirectes de la violence sur des plans personnels tels que les relations avec sa famille, ses amis, sa vie sociale et sportive. Julien va constater par exemple que ses relations avec son épouse et ses enfants se sont dégradées, car il rentre chez lui tendu, irrité et fatigué, ce qui ne lui permet pas d'être disponible et ouvert à l'échange avec ces derniers. Il peut aussi se rendre compte que sa vie sociale s'est beaucoup amenuisée, car il a tendance à se refermer sur lui-même et n'a pas envie de déranger ses amis en leur imposant ses plaintes continuelles sur son chef mais aussi parce qu'il n'a pas le désir d'entendre les autres lui dire ce qu'il devrait entreprendre afin de faire cesser ce harcèlement.

Il est important de dresser cet « état des lieux » afin, d'une part, de ne rien oublier (sans non plus en rajouter, bien évidemment) et, d'autre part, de bien mesurer que la victime continue, même si l'événement est passé, à souffrir de son agression dans sa vie présente. Cette étape contribue aussi à rapprocher la victime d'elle-même en la sensibilisant au fait que toutes les conséquences de son agression sont bien réelles et qu'elle en souffre personnellement. Il est en effet courant que, par peur de ressentir à nouveau la souffrance de ce qu'elle a vécu, la victime établisse une distanciation entre elle et ce dont elle souffre, à un point tel qu'à l'écouter on arriverait presque à croire que la victime parle d'une autre personne qu'elle. Cela est à nouveau une des inventions du mental afin de couper la personne de ses ressentis.

Éteindre son mental

Le but à atteindre en éteignant son mental est d'arrêter de penser dans le vide, d'être dans le futur et le passé afin de se reconnecter au moment présent, seul moment dans lequel la victime vit, existe et ressent. Cela va amener la personne à ne plus être dans les peurs et la culpabilité, ce qui est essentiel afin de contacter ce qu'elle ressent. En reprenant contact avec son corps physique et sensoriel, les idées de vengeance et d'entretien de la violence vont commencer par se diluer puis vont disparaître et laisser la place libre aux ressentis et aux émotions. La technique à utiliser est simple et décrite en détail à la p. 131.

Ressentir ses émotions

Le mental étant éteint, les émotions de colère et de tristesse vont pouvoir être reconnues, ressenties. À nouveau il faut insister sur le fait que cette prise de contact ne peut et ne doit pas être qu'intellectuelle ; en effet, il pourrait sembler plus simple de conclure intellectuellement qu'ayant été agressée la victime est bien entendu en colère et éventuellement triste. Mais cette démarche ne peut déboucher sur le ressenti réel et palpable de l'émotion et par voie de conséquence sur son vécu. Et la seule façon de ressentir est d'avoir éteint préalablement son mental.

Vivre ses émotions

Je laisse le lecteur se reporter au chapitre précédent afin de voir comment la colère et la tristesse peuvent être vécues en pratique, chacun étant libre de choisir telle ou telle façon de procéder. Le fait d'exprimer ses émotions permet de se libérer de ces dernières, de recontacter sa propre personne et son Noyau Fondamental ; comme nous l'avons déjà souligné, la paix avec soi-même en découle puisque l'énergie d'Amour est alors présente. C'est cette même énergie qui va permettre à la victime d'entrer alors dans une démarche positive envers elle-même et envers l'autre, c'est-à-dire l'agresseur. La victime parvient alors à un état de pardon naturel, car elle est dans une énergie d'ouverture par rapport à elle-même.

Décider des suites à donner à cet acte de violence

Une fois les émotions vécues, tout en continuant de faire taire le mental, la personne doit en son âme et conscience, aidée en cela par les conseils dont elle peut s'entourer, décider de ce qu'elle désire entreprendre sur les plans juridique, civil et bien entendu médical. Cela doit se faire en étant centré, c'est-à-dire en connexion avec son intuition et ses ressentis. Pour ce faire, il est essentiel que la personne garde son mental éteint afin de mieux ressentir et définir par quelle voie elle désire atteindre le but de toute la démarche : se faire du bien et retrouver son autonomie. Le grand risque est en effet qu'à nouveau la victime se positionne par rapport au bourreau et perde alors sa lucidité en désirant non plus se battre pour elle-même mais contre l'autre. Toute bataille menée contre l'autre est condamnée à être un échec. Au même titre que toute personne se battant contre une maladie se retrouve le plus souvent au cimetière, tout combat mené contre quelque chose ou contre quelqu'un ne peut qu'être une perte de temps et d'énergie. Se battre contre quelqu'un ou quelque chose est réducteur : un être humain est bien plus qu'une simple machine à se battre contre...

Il est aussi très important de s'entourer de professionnels (médecin, avocats) ayant l'habitude de ce genre de problématique. En effet, toute démarche est porteuse d'espoirs mais aussi de désillusion. La justice humaine étant ce qu'elle est, la victime se retrouve très souvent dans le rôle de l'accusé, ce qui va provoquer l'apparition de nouvelles émotions que la personne devra bien évidemment se permettre de vivre afin de ne pas retomber dans le cercle vicieux de la violence envers elle-même et envers les autres. Les assurances jouent aussi ce rôle en mettant tout en œuvre afin de ne payer que le strict minimum ; pour cela, elles vont nommer des experts psychiatres ou autres afin de parvenir à leurs fins. Toutes ces embûches doivent être connues de la personne victime d'acte de violence afin qu'elle puisse en toute connaissance de cause décider de la suite à donner à son agression ; c'est le rôle capital des médecins et des avocats qui doivent être à la fois un soutien et des conseillers avisés tenant compte de la personne et de sa fragilité.

Comme nous le voyons, la prise de décision est un acte qui peut se révéler difficile voire impossible tant que la victime est guidée par son mental. N'oublions pas que le cerveau humain est incapable de faire un choix entre plus de deux solutions, un peu comme les ordinateurs qui n'ont qu'un langage binaire. Le savoir inné, par contre, est absolument capable d'effectuer un choix entre une infinité de possibilités. Mais ce choix ne passera pas par la logique (apanage du cerveau) mais par l'intuition et le savoir inné. Il est par conséquent primordial d'éteindre le mental afin de pouvoir se reconnecter au Noyau Fondamental qui est le seul à offrir cette merveilleuse possibilité. Une fois le choix effectué, selon des critères non objectifs et illogiques mais qui se révéleront efficaces, la réflexion menée de concert avec les professionnels se révélera alors très efficace et sera un gage de réussite.

Agir selon les décisions prises

Cette action doit se faire en restant dans le moment présent, c'est-à-dire en continuant à éteindre le mental dès que ce dernier se réveille. Cela est difficile mais très important ; en effet, le grand risque est de se mettre dans l'attente de ce qui va arriver ou être décidé. En étant en attente, le corps va immédiatement réagir en manifestant une tension qui vient dire à la personne : tu es dans le futur, reviens dans le moment présent au plus vite. Si cela ne se fait pas, alors le doute, les peurs et la perte de confiance en soi vont revenir au grand galop. Il faut donc un lâcher prise réel (non volontariste ni intellectuel) afin que cette phase qui peut se révéler longue et astreignante puisse être vécue de façon paisible et harmonieuse.

Comme nous venons de le voir, la démarche que doit effectuer une victime de la violence afin de se retrouver et de guérir est longue, parsemée d'embûches tendues par le mental qui peut à tout instant reprendre la direction des opérations et faire replonger l'individu dans les peurs, le non-amour et la violence. Cette démarche, aussi difficile qu'elle soit, est un acte d'Amour de la victime envers elle-même ; l'Amour est présent au départ ainsi que dans l'accomplissement et il est la finalité de cette démarche. Il est nécessaire que la personne s'accorde tout cet Amour si elle désire re-Vivre et par la même occasion pardonner à l'autre, ce qui équivaut à rompre le cercle vicieux de la violence.

La guérison de l'agresseur

L'agresseur est souvent laissé pour compte par la médecine étant donné qu'il ne souffre pas *a priori* de troubles physiques, et que c'est lui qui les a infligés à l'autre ; dans certains cas particulièrement violents, la justice peut demander à des psychiatres d'expertiser la personne violente et éventuellement lui imposer un suivi psychiatrique. Mais d'une façon générale, le bourreau n'est exposé qu'à la justice et à ses conclusions, ce qui le laisse sans aide aucune et va forcément induire la culpabilité, la peur et la poursuite de la violence dans des délais plus ou moins brefs. Lui aussi va se battre contre afin de ne pas se voir infliger une peine trop lourde par ses supérieurs (dans le cas de harcèlement) ou par la justice. Le mental va poursuivre son travail et l'agresseur continuera à souffrir ; à cela vont s'ajouter les blâmes distribués par la société, l'isolement qui sont autant de motifs de générer la violence...

Il m'est arrivé dans ma pratique privée d'avoir à accompagner des personnes ayant commis des actes de violence conjugale ou autre. Il est vrai que ces personnes étaient désireuses d'évoluer et de changer, mais elles avaient aussi toutes été encouragées à effectuer cette démarche par leur entourage. Le point commun à toutes ces personnes est la colère énorme qu'elles portent en elles depuis des années, depuis des décennies pour certaines. Elles la portent comme une deuxième peau, en souffrent souvent sans s'en rendre compte et l'ont très souvent retournée contre eux-mêmes de nombreuses fois avant d'exploser dans une crise de rage. Toutes ont souffert physiquement de maladies ou de symptômes liés à des colères non vécues tels que l'eczéma, l'asthme, les sinusites à répétition. Le bourreau est ainsi lui aussi victime du cercle vicieux de la violence au même titre que sa victime.

Sa voie vers la guérison passe ainsi par le même cheminement que celle de la victime. Il devra traverser les mêmes stades afin de revenir à soi-même, c'est-à-dire un être d'Amour pouvant, parce qu'il s'est autorisé à s'apporter de l'attention et du respect, rayonner autour de lui l'Amour.

Comment prévenir la violence ?

Mais comment peut-on prévenir la violence ? Une bonne partie de la réponse tient dans la compréhension de la genèse de la violence. Nous avons décrit ce qu'était la violence et ses origines : la colère non vécue, bloquée par le mental. Quelles que soient les causes plus en amont (sociales, économiques ou autres), la colère qui résulte de ces dernières est présente. Il existe par conséquent des choses simples, non coûteuses, qui peuvent être mises en place par la société afin de prévenir l'apparition de la violence. J'aimerais ici donner trois exemples de milieux dans lesquels une action pourrait aisément et rapidement être mise en pratique dans ce but-ci.

Le milieu familial

Les enfants n'ont aucun problème avec leurs émotions. Ils les vivent dans le moment présent et n'ont aucune gêne à le faire. Mais, confrontés à leurs parents, ils commencent plus ou moins tôt à comprendre que le fait de vivre celles-ci ennuie, dérange leurs parents. Désireux de recevoir de l'amour, ils vont par conséquent s'adapter et tout faire afin de ne plus vivre (et éventuellement ressentir) leurs émotions de tristesse et de colère. C'est la création du mental et de tout ce qui s'y rattache...

De leur côté, les parents, ayant été eux-mêmes éduqués, sont mal à l'aise avec leurs propres émotions ; ils sont souvent passés maîtres dans le non-ressenti et le blocage de ces dernières. Ils ne supportent pas les cris et hurlements de leurs enfants et réagissent parfois de façon violente afin de faire taire ceux-ci ou peuvent punir un enfant parce qu'il a exprimé sa colère en lui demandant de rester dans sa chambre jusqu'au moment où il sera calmé.

Je suis entièrement d'accord sur le fait qu'un enfant en colère n'a pas à faire subir ses hurlements à l'ensemble de la famille. Mais sachant que cette émotion est naturelle et que la bloquer est destructeur, pourquoi ne pas encourager l'enfant à aller l'exprimer et la vivre pleinement dans sa chambre, seul, afin de se faire du bien ? Ensuite, on peut parler avec lui des causes qui ont motivé sa colère.

Est-ce si difficile d'encourager un être que l'on aime à se faire du bien en allant taper sur un coussin et hurler ce qu'il désire ? Il reviendra calmé et alors une vraie discussion pourra s'engager si l'enfant le désire. Les enfants sont prêts, car ils ne connaissent pas les *a priori* des adultes à l'encontre de la colère. Les parents pourraient éviter à leur progéniture (et à eux-mêmes) tellement de maladies en tolérant simplement l'existence de ce qui fait la vie : une émotion. Et puis, finalement, l'acceptation de ce que ressent l'autre tout en y mettant ses propres limites et en se respectant soi-même, n'est-ce pas de l'Amour ?

Le milieu éducatif

L'école primaire et l'école secondaire sont des lieux où les élèves sont censés respecter les enseignants et vice-versa. Il est de plus en plus fréquent de constater que ce respect mutuel n'est plus la règle, que la violence a envahi l'école, entraînant toute une série de mesures qui visent à lutter contre ce fléau.

Les instituteurs et professeurs souffrent de stress, de dépressions et de bien d'autres maladies liées aux conditions pénibles dans lesquelles beaucoup travaillent ; les élèves se retrouvent souvent dans les mêmes états physiques et psychologiques. Des tables rondes sont organisées afin de s'attaquer à ce problème de violence physique et verbale, des experts se prononcent, les professeurs suivent des formations de communication non violente mais il est étonnant que jusqu'à présent, à ma connaissance, la cause même de la violence ne soit pas traitée : la colère ressentie par le corps enseignant et beaucoup d'élèves.

Cette colère peut provenir chez un élève comme chez l'enseignant de leur vie privée comme de leur vie à l'intérieur de l'école. Elle a certainement une origine mixte et chaque individu a ses propres « bonnes ou mauvaises » raisons d'être en colère. Cela étant admis, car c'est la réalité, que faire ? Tant que tout le monde se penche de façon intellectuelle sur le pourquoi des causes, le comment y remédier et le où va-t-on, rien n'est sérieusement entrepris. Cela fait penser à une personne s'étant coupé le doigt avec un coupe-papier qui passerait les heures qui suivent cet acte à réfléchir aux causes et au chemin à suivre afin que cela ne se reproduise pas et qui pendant ce temps n'éloignerait pas son doigt de l'objet tranchant. J'ai rencontré des professeurs « traités » pour une dépression qui pouvaient m'expliquer pourquoi ils souffraient de celle-ci et comment ils pourraient s'en sortir avec des solutions totalement irréalistes, mais qui étaient incapables de faire en sorte d'aller mieux ; c'est malheureusement le cas de beaucoup de personnes souffrantes « prises en charge » par des systèmes de soins inadéquats qui ne visent pas à ce que les gens aillent mieux mais bien plutôt à ce qu'ils comprennent pourquoi ils vont mal !

Lorsqu'un élève arrive à l'école après avoir vécu chez lui une nuit au cours de laquelle son père a injurié sa mère, il est dans un état de grande tension. Cette tension est due au fait qu'il a retenu et bloqué en lui la tristesse et la colère ressenties. Il va forcément souffrir de cela et tôt ou tard imploser ou exploser, c'est-à-dire soit tomber malade soit faire une crise de rage. Si la deuxième solution survient, les camarades de classe ou le professeur se trouvant présents à ce moment-là vont être les victimes de la violence de l'élève. Ces derniers vont ressentir de la colère à leur tour et le cercle vicieux est enclenché. Tous les systèmes répressifs ne feront qu'empirer la situation ; apprendre à des enseignants à communiquer à l'élève qu'ils sont mécontents de son attitude est une belle intention mais n'aura aucun effet sur la colère du professeur ni sur celle de l'élève ; envoyer l'élève chez un assistant social ne résoudra en rien le fait que l'élève se trouve toujours en colère non exprimée...

Nous avons vu que la seule façon de briser le cercle de la violence est de faire en sorte que la personne souffrant du blocage de l'expression de la colère par le mental puisse se libérer de ce blocage afin de parvenir à exprimer la colère en question. Nous sommes bien d'accord que les préaux d'école, les cours de récréation et les salles d'étude ne sont pas des lieux où cela puisse se faire de façon anarchique, bien que dans la réalité ce sont les lieux où la violence est présente. Pourquoi ne pas prévoir une salle ou un lieu dans lequel les personnes en colère puissent aller exprimer celle-ci ? Cela ne coûterait pas grand-chose en termes d'équipement : quelques sacs de sable, quelques bâtons de base-ball en caoutchouc mousse et un lieu insonorisé ou non. Cela permettrait à l'élève de pouvoir aller exprimer sa colère avec l'assentiment de son professeur et ainsi de ne pas « péter les plombs » par la suite.

Bien entendu, ce système peut paraître simpliste et primitif au premier abord ; mais il a au moins le mérite de s'adresser à la vraie cause de la violence. Il implique par contre que le corps enseignant soit à l'aise avec l'émotion de colère (et non avec la crise de rage !). Il implique que dès les premières années du primaire, les élèves puissent avoir cette possibilité à leur disposition et que les parents ne se plaignent pas du fait que leurs chérubins apprennent à exprimer leur colère à l'école alors que chez eux celle-ci est réprimée. Nous constatons donc que cette méthode toute simple et peu coûteuse risque de rencontrer une forte opposition émanant de ceux qui pérorent et se plaignent à longueur de journée des effets néfastes de la violence dans la société, rejetant la faute sur les autres et sur les systèmes en place. Il y a en effet lieu de s'occuper de ses propres colères avant d'aller donner des leçons aux autres ; c'est cela l'Amour et non le contraire.

Le milieu policier

Le monde policier est exposé à beaucoup de violences. Il y est confronté de par la nature même du métier : en faisant respecter l'ordre, on est obligatoirement confronté à des violences. Mais le monde policier est confronté à la violence aussi par le fait qu'il est la cible même de violences émanant de personnes pour lesquelles les représentants de l'ordre sont par définition ceux vers qui la violence doit être dirigée.

Être témoin direct ou indirect d'actes de violence entraîne forcément le ressenti d'émotions qui peuvent aller de la tristesse à la colère.

Un membre des forces de l'ordre y est par conséquent exposé dans la pratique de son métier ; étant donné que son métier ne lui permet pas d'avoir des réactions émotionnelles à ces actes, que fait-il de ses propres émotions ? Soit il se « blinde », ce qui signifie qu'il va ignorer ses tristesses et ses colères, soit il les vit et il y a fort à parier qu'il aura beaucoup de peine à assumer son rôle très longtemps dans un métier où cela n'est pas forcément bien vu par la hiérarchie. Lorsqu'un policier, lors d'une manifestation, est pris à partie par les manifestants et doit encaisser sans y répondre les injures et autres remarques narquoises de ces derniers, que ressent-il et surtout que fait-il de ce qu'il ressent par la suite ? Que fait un policier de sa frustration lorsqu'il ne se sent pas soutenu par la justice (ce qui est souvent le cas) ? Nous pourrions allonger la liste des situations où un membre des forces de l'ordre est victime de la violence mais aussi l'est en étant simplement le témoin d'actes de violence. Dans les deux cas, à moins que le policier ne soit un robot, il ressent certainement de la colère, qu'il nommera peut-être irritation, frustration, injustice. Qu'en fait-il ? S'il la garde en lui, il va entrer tôt ou tard dans la violence retournée contre lui-même ou retournée contre les autres. Existe-t-il des lieux ou des endroits où le policier peut aller sans être dérangé exprimer la colère ressentie ? Cela permettrait certainement de préserver un bien meilleur équilibre physique et psychique dans une profession exposée en première ligne à la violence. Faire du sport (y compris les sports de combat) est une excellente chose, car cela permet à un individu de se replonger dans le moment présent et ainsi d'éviter de ruminer et de sortir des peurs. Par contre, cela ne peut pas aider une personne à ressentir et à vivre ses émotions telles que la colère ou la tristesse. Désigner des lieux spécifiques dans lesquels les membres des forces de l'ordre pourraient se replonger dans le moment présent pour ensuite vivre leurs émotions ne nécessiterait pas l'investissement de grandes sommes d'argent et entraînerait par contre une grande économie en ce qui concerne les soins de santé notamment. Imposer à des membres des forces de l'ordre l'interdiction de vivre leurs ressentis constitue un manque de respect de la part des personnes dites responsables, ce qui à son tour peut entraîner de la violence. Et le cercle vicieux de cette dernière continue...

Chapitre 4

L'abandon

L'abandon est certainement une des causes les plus courantes de beaucoup de maux dont souffrent les patients rencontrés dans un cabinet de médecine générale. Ce mal est souvent sournois, caché, non reconnu en tant que tel par les patients ou par le médecin lui-même ; il se révèle fréquemment tardivement dans un travail effectué sur soi-même faisant partie de ces « mémoires oubliées » qui polluent notre vie quotidienne. Il est à l'origine de multiples et très diverses maladies pouvant aller de la simple sinusite jusqu'au cancer. Il est aussi à la racine de divers troubles comportementaux qui peuvent sérieusement gêner la personne qui en souffre dans sa vie sentimentale, professionnelle ou familiale.

Définition classique

Le concept d'une personnalité souffrant d'abandonnisme en psychologie classique est fort bien connu et se définit de la façon suivante : « Sentiment et état psychoaffectif d'insécurité permanente, liés à la crainte irrationnelle d'être abandonné par ses parents ou ses proches, sans rapport avec une situation réelle d'abandon[5]. »

Cette définition appelle quelques commentaires. Une crainte n'est ni rationnelle ni irrationnelle puisqu'elle provient du mental qui « projette » dans le futur ce qui pourrait se passer, ce qui se révèle toujours être faux.

Comment définir « une situation réelle d'abandon » ?

Qui décide que l'abandon est « réel » ? Le thérapeute, le patient, la constellation familiale ou sociale ?

Cette définition sous-entend aussi que l'approche thérapeutique est définie : amener celui qui souffre de cet abandonnisme à comprendre que la situation ayant généré ce sentiment ancré en lui est bien réelle, mais qu'elle ne devrait pas le conduire à un tel état, vu l'irrationalité du ressenti...

Nous constatons que la psychologie classique parle de sentiment et d'état psychoaffectif, de réalité et d'irrationalité. Comme à son habitude, elle définit à sa façon la normalité dans laquelle tout individu doit se trouver, et par la même occasion suggère le traitement qui va consister à faire admettre intellectuellement à celui qui souffre que ses peurs et ses craintes n'ont aucun fondement. Cela étant admis, il ne reste plus au patient qu'à se convaincre qu'il ne souffre plus. Voici une belle démarche intellectuelle, qui fait l'impasse sur les émotions et les ressentis mais qui n'est pas d'une grande utilité pratique à un médecin dans son cabinet face à la souffrance de son patient.

La réalité, la seule qui existe, est celle définie par le ressenti du patient ; en d'autres termes, la réalité sentie est une connaissance en tant que telle. Si un patient ressent un manque de présence d'un proche qui est à ses côtés, est-ce la réalité qu'il faut prendre en compte pour savoir s'il est normal ou non, ou bien faut-il prendre en compte sa réalité personnelle qui est très souvent très éloignée de la vérité historique ? Ce point est essentiel, car il va définir toute l'approche thérapeutique ; en effet, dans le premier cas, le médecin va s'évertuer à prouver au patient que sa réalité ne correspond pas à la réalité alors que dans le deuxième cas il va essayer de comprendre le patient, de l'aider et de l'accompagner dans une démarche dont le but sera de ressentir l'émotion (qui est la réalité du patient) et de la vivre afin de se libérer des tensions engendrées par le blocage du ressenti. Dans la première approche, le patient n'est pas au centre de la thérapie mais à la périphérie, ce qui est tout le contraire de l'approche dans laquelle les ressentis du patient sont au centre.

C'est bien entendu de cette deuxième approche dont nous allons parler.

Les différents types d'abandon

L'abandon « simple »

Par le mot « simple », nous désignons des abandons qui sautent aux yeux et sont évidents pour la personne qui en souffre. Un enfant ayant perdu un de ses parents pendant sa jeunesse ou ayant eu à subir le divorce de ceux-ci a de très fortes chances de souffrir d'abandon.

Le terme même d'abandon pose par contre souvent un problème à ceux ou celles qui abordent ce problème. Prenons l'exemple d'un jeune garçon de huit ans dont les parents divorcent sans heurts et à l'amiable. Le père quitte le domicile conjugal en y laissant sa femme et son fils, mais continue à voir de façon très régulière ce dernier et à lui apporter l'affection d'un père présent. Cela représente la réalité historique et cette situation ne peut en aucun cas être comparée à celle dans laquelle un père quitterait le domicile conjugal, ne voyant son fils que lorsque cela l'arrange tout en lui retirant une bonne partie de son affection. Étant en dehors de la situation, nous observons deux réalités différentes mais quelle est la réalité du jeune garçon dans les deux cas ? Elle risque bien d'être celle d'un enfant ressentant le départ de son père comme un pur abandon : « Mon papa me quitte pour aller habiter ailleurs et me laisse seul avec maman ». Que ressent alors l'enfant ? De la tristesse et de la colère. Certes, dans le deuxième cas la tristesse et surtout la colère seront peut-être plus grandes (mais rien n'est moins sûr !) mais dans les deux cas de figure envisagés, la réalité de l'enfant sera d'avoir été abandonné par le père. Si ces émotions ne sont pas vécues ou ne le sont que partiellement, ce qui est très souvent le cas, l'enfant devenu adulte aura dans le premier cas envisagé énormément de peine à reconnaître qu'il a ressenti un abandon lors du départ de son père et que ce sentiment est toujours présent en lui, surtout si ce dernier est resté à ses côtés tout au long de sa croissance. Comment expliquer cette difficulté ? L'adulte entre dans une logique de raisonnement au détriment de la réalité ressentie, ce qui l'amène à nier au nom de la sacro-sainte pensée ce qui reste enfoui en lui : l'émotion. Nous nous apercevons qu'il s'agit encore d'un tour joué par le mental et que le résultat de tout cela est une souffrance.

L'abandon « oublié »

Ce qu'on appelle l'abandon « oublié » est beaucoup plus sournois. Ces abandons ont pour trait commun d'être « interdits », car ils ne correspondent pas à la norme ou à ce qu'il est bien de penser. Prenons quelques exemples.

Un enfant ressentant que l'un de ses parents ne l'aime pas comme il voudrait être aimé, c'est-à-dire pour lui-même, a de fortes chances de se sentir délaissé, abandonné. Mais ce ressenti ne collant pas avec ce qui se voit et se dit, il ne peut en parler ou s'en plaindre sans risquer d'être immédiatement nié encore un peu plus par les personnes se trouvant dans son entourage proche. « Comment osestu imaginer que ta mère qui fait tant pour toi ne t'aime pas ? »

Un enfant dont les parents sont présents physiquement peut tout de même les ressentir absents s'ils travaillent trop. Ceux-ci peuvent être souvent hors du foyer familial ou ne pas jouer avec eux par manque de temps ou surplus de fatigue.

Un enfant peut ressentir un sentiment d'abandon si ses parents forment un couple très fusionnel.

Envoyer son enfant dans une pension est un acte méritant de la part des parents qui vont se sacrifier afin que ce dernier puisse recevoir la meilleure des éducations, mais cela peut être vécu comme un pur et simple abandon par l'enfant.

La naissance d'un petit frère ou d'une petite sœur est souvent perçue comme un abandon par l'aîné ; de même, le fait que les parents accordent une attention soutenue à un enfant malade est souvent ressenti par les frères et sœurs comme étant un abandon de leur personne.

Dans tous ces exemples, nous retrouvons deux réalités : celle des parents et celle de l'enfant. Elles sont le plus souvent opposées et il n'est pas question du reste de privilégier l'une aux dépens de l'autre. Mais il est par contre très important de considérer que la réalité objective n'étant qu'une illusion, il faut s'en remettre à ce qu'a ressenti la personne dans telle situation vécue. Ce ressenti devient alors le centre d'intérêt et la vérité sur laquelle il faut se pencher afin d'aider la personne à se sentir mieux. Mais ce type d'abandon, le plus souvent, n'est pas perçu de façon consciente par la personne qui en souffre et ne va se révéler à celle-ci qu'après un long cheminement.

Qu'il s'agisse d'abandon « simple » ou « oublié », le chemin menant à la prise de conscience ou à sa découverte est souvent long et passe par des étapes intermédiaires. Dans un premier temps, le corps va mettre des signes en évidence afin d'attirer l'attention de celui qui souffre sur des maladies ou des symptômes divers ; lorsque le message est bien interprété et que la personne souffrante se permet de vivre les émotions bloquées, cela va entraîner la remontée à la surface d'émotions liées à l'abandon. Cela signifie que le plus souvent, c'est à travers un cheminement non intellectuel que l'abandon va éclater à la conscience de celui ou celle qui en souffre. Ce processus est long et n'est en tout cas pas un processus intellectuel.

Jacques est un homme de 45 ans, divorcé deux fois, ayant deux fils de 14 et 12 ans issus de son premier mariage. Il consulte pour une hyperacidité gastrique récidivante qui le dérange, le fait souffrir et l'inquiète. Il craint en effet de souffrir à nouveau d'un ulcère duodénal qui a déjà été traité quelques années auparavant. Je le rassure à ce sujet après avoir fait pratiquer les tests nécessaires ainsi qu'une gastroduodénoscopie. La cause de son hyperacidité reste à trouver. Pourquoi rechercher la cause plutôt que de se contenter de traiter les symptômes ? D'une part, parce que Jacques a déjà tout fait pour traiter les symptômes sans aucun succès à long terme (comme nous allons le voir) ; d'autre part, parce que lorsque les causes ne sont pas trouvées, le corps continue à présenter des signes afin que la personne qui en souffre puisse aller à la source des messages que son corps lui transmet afin de guérir vraiment.

Les premiers signes de cette acidité remontent à la naissance de son premier fils : quelques jours après sa mise au monde, Jacques commence à ressentir des brûlures d'estomac non liées à la prise de nourriture, survenant un peu à n'importe quelle heure de la journée, de façon irrégulière mais relativement constante. Pensant que les pleurs nocturnes de son fils ainsi que la surcharge de travail en sont la cause, il prend son mal en patience.

Les mois passent. Jacques, voyageant très souvent pour affaires, ne prend pas le temps de consulter un médecin ni de se soucier outre mesure de ces brûlures et pare au plus pressé en suçant quelques pastilles soulageant ce type de maux.

À la naissance de son deuxième fils, deux années plus tard, les symptômes deviennent plus fréquents et plus forts. Il se décide alors à consulter un médecin spécialiste. Celui-ci pose un diagnostic de gastrite et prescrit un traitement afin de faire baisser l'acidité de l'estomac. Jacques le suit scrupuleusement pendant six mois environ. À l'arrêt de celui-ci, à son grand étonnement et mécontentement, il se retrouve avec les mêmes maux. Entre-temps, son couple commence à battre de l'aile : sa femme est très occupée par ses deux enfants et lui par son travail et ses voyages effectués dans le monde entier. Jacques fait le lien entre ses maux et la situation de son couple, essaie de s'en entretenir avec sa femme qui se ferme totalement à son discours et se réfugie encore plus dans son rôle de mère...

Jacques délaisse alors sa femme et devient assez odieux avec elle. Deux ans plus tard, l'épouse demande le divorce. Jacques souffre beaucoup de cette séparation et ses douleurs ne font que s'aggraver. Une fois le divorce prononcé, Jacques se retrouve avec un ulcère duodénal et doit se soumettre au traitement classique en de telles circonstances : antiacides, régime alimentaire sans café, sans alcool. En plus, sur les recommandations d'un de ses amis, il commence à faire de la sophrologie (technique de relaxation et de visionnement positif). Cette technique le calme beaucoup pendant les séances et lui permet de bien se relaxer ainsi que de retrouver une certaine sérénité dans sa vie quotidienne.

Il commence à mener une vie très remplie sur le plan affectif : il se lie à plusieurs femmes, les traite de façon assez désagréable car « soit elles en voulaient à mon argent, soit à ma situation, soit aux deux ». Il ne retire que très peu de bonheur de cette vie quelque peu dissolue menée pendant plusieurs années.

Il tombe néanmoins amoureux fou d'une femme qu'il épouse une année après l'avoir rencontrée. Après quelques mois de bonheur, Jacques adopte envers elle une attitude faite d'un mélange de provocations, de défis et de jalousie. Il provoque sa femme en ne lui cachant pas ses aventures en voyage, tout en étant très en colère et triste lorsque cette dernière le trompe aussi. Leur relation passionnelle devient pleine de violence verbale et destructrice pour prendre fin le jour où la femme de Jacques lui apprend qu'elle part avec un de ses proches amis...

Se rendant compte « que quelque chose ne fonctionne pas dans sa vie affective », il prend alors la décision de suivre une psychothérapie avec une femme psychiatre. Cette thérapie se révèle être un échec retentissant, Jacques jouant au chat et à la souris (selon ses propres termes) avec la psychiatre...

Jacques m'explique qu'il a gardé d'excellentes relations avec ses deux anciennes femmes, qu'il voit régulièrement et qu'il soutient de son plein gré financièrement. Non, il n'est pas en colère, non, il n'est pas triste... Il est juste blasé, il s'est fait une idée de la vie de couple qui lui permet actuellement de vivre avec une autre femme sans grand problème majeur. Celle-ci travaille beaucoup ; pour sa part, comme il peut se le permettre, il a arrêté de travailler et voyage pour son plaisir. Bref, Jacques a digéré ses divorces, il n'a « aucun problème dans la vie », mais souffre toujours de son problème d'aigreurs et de brûlures d'estomac.

Qu'est-ce que son corps essaie de lui transmettre comme message ?

Une tension existe-t-elle en lui qui pourrait être la cause en amont des symptômes présents depuis 14 longues années ?

Jacques reconnaît qu'il n'a pas vécu de grandes colères lors de ses séparations, car il était « fautif et responsable aussi de celles-ci » et qu'il était « soulagé » de mettre un terme à ces relations qui ne pouvaient plus « lui apporter grand-chose ». Pour les mêmes raisons, il n'a vécu aucune tristesse.

Il a « pris note de ce qui s'est passé », s'est « battu afin que les divorces soient équitables sur tous les plans » pour ses ex-femmes et pour lui-même et est « très fier de cela » ; c'est du reste, entre autres choses, pour cette raison que les relations avec ces dernières restent excellentes. Nous venons de voir ce que lui dit son mental, mais que vient dire le corps de Jacques à ce dernier?

Jacques souffre dans le moment présent de troubles gastriques et d'hyperacidité. Certes, cela dure depuis plusieurs années mais le message donné par le corps est bien actuel.

La sagesse populaire (qui doit toujours être écoutée à mes yeux) a des expressions multiples par rapport à l'estomac: « si je continue à me faire du souci, je vais me provoquer un ulcère »; « j'en ai l'estomac noué »; « si cette situation continue, je vais en faire une indigestion ».

La médecine classique considère que l'estomac est un organe creux recevant la nourriture prédigérée par la mastication (d'où l'importance de bien mâcher ce que l'on mange); la digestion va être poursuivie dans l'estomac par l'acidité produite par des cellules tapissant ce dernier, par l'adjonction des sels biliaires provenant de la vésicule biliaire et du foie, et enfin par l'adjonction d'enzymes issus du pancréas. Ainsi, quatre organes peuvent principalement être plus ou moins directement responsables d'une hyperacidité gastrique: l'estomac, la vésicule biliaire, le foie et le pancréas.

La médecine chinoise considère que la vésicule biliaire et le foie sont les organes récepteurs des colères non vécues, et que le pancréas est l'organe des émotions ressassées et ruminées.

Chacun pouvant déboucher par son propre cheminement à ses propres conclusions, Jacques peut en déduire que son corps lui fournit jusqu'à trois types d'informations:

- tu es dans les peurs;
- tu n'as pas digéré correctement quelque chose;
- tu as de la colère non vécue que tu ressasses et rumines.

Jacques admet qu'il est souvent dans les peurs et qu'il n'a pas confiance en lui en réalité. Malgré le fait que la vie l'ait beaucoup privilégié, ce dernier souffre depuis de très nombreuses années d'un manque cruel de confiance en lui, cela ayant été renforcé par un événement bien précis vécu à l'âge de 20 ans avec son père. Ce dernier, homme d'affaires ayant brillamment réussi, s'était moqué de Jacques devant un parterre de personnes réunies lors d'une réception, en disant que son fils était tout juste capable de dépenser l'argent gagné par son père...

La question qui jaillit alors lors de la consultation est: « Que ressentez-vous en me racontant cette scène ? » La réponse de Jacques est que cet événement n'est pas digéré, mais son père étant décédé depuis et Jacques ayant fait ses preuves, il n'est ni en colère ni triste, mais regrette seulement que son père ne soit plus en vie afin qu'il puisse se rendre compte que ce qu'il pensait de son fils était erroné. Jacques accepte « l'idée d'être frustré, déçu » par cet événement, accepte aussi que cela ait pu renforcer en lui un manque d'assurance en lui-même, mais ne voit pas en quoi tout cela peut le mener à guérir de ses maux d'estomac. De plus, ceux-ci ont commencé bien après la fameuse scène. Bref, la compréhension et l'acceptation du message du corps n'amènent pas Jacques à aller mieux, une partie de lui-même continuant à bloquer...

Nous nous apercevons que Jacques est dans la peur (et par conséquent le manque de confiance en lui) et ne s'accorde pas le droit de ressentir quoi que ce soit par rapport à ce qu'il a vécu avec son père.

Quelle est la partie « bloquante », celle qui fabrique la peur et qui interdit de ressentir une quelconque émotion ? Le mental, c'est-à-dire le petit vélo qui tourne dans sa tête, qui fait un bruit assourdissant. Le coupable est trouvé, mais encore faut-il parvenir à l'éteindre afin de se débarrasser des peurs (et par conséquent du manque de confiance en soi) et de retrouver la mémoire émotionnelle enfouie.

Par le biais d'exercices très simples visant à retrouver le moment présent, pratiqués de façon répétitive, Jacques parvient à avoir beaucoup plus confiance en lui-même et peut alors entrer en contact avec sa colère et sa tristesse. Il accepte que ces émotions soient en lui, ce qui prend un certain temps, car le mental continue à exercer son action. Puis il s'autorise à vivre et par conséquent à exprimer la colère et la tristesse liées à la scène vécue avec son père. Cela lui fait beaucoup de bien et il s'en trouve très soulagé sur le plan psychique mais aussi physique, les brûlures disparaissant presque aussitôt.

Mais en ouvrant la porte aux émotions, c'est-à-dire en faisant taire le mental, remonte une série de scènes vécues par Jacques dans son enfance. Il était très proche de sa mère qui l'écoutait, l'aimait et s'occupait beaucoup de lui. À l'âge de six ans, Jacques est envoyé en pension à l'étranger. Chaque départ en pension était douloureux, même si Jacques aimait l'ambiance de la pension et qu'il s'y trouvait bien. Qu'est-ce que cette douleur venait lui dire ? « Que j'étais à nouveau seul et laissé à moi-même, que ma mère m'abandonnait. »

La douleur était un signe du corps afin de faire prendre conscience à Jacques qu'il était bien dans l'ici et maintenant mais qu'il ne se permettait pas de vivre une émotion. Et quelle est cette émotion bloquée par le mental ? La colère. Jacques met alors beaucoup de temps à accepter cette évidence, car son mental lui dit qu'il ne peut pas être en colère contre sa mère, qui l'aimait et l'envoyait en pension pour son bien. Tout au plus accepte-t-il d'être triste mais certainement pas en colère. Par conséquent, il ne voit aucun intérêt à essayer de ressentir cette émotion et encore moins à l'exprimer...

Qu'est-ce que Jacques a ressenti lors de ses deux divorces et des nombreuses séparations vécues avec différentes femmes lors de ses voyages ? Est-ce que le ressenti était semblable à celui vécu lors de ses départs en pension ? Jacques se sentait-il aimé en étant « abandonné » ou « délaissé pour quelqu'un d'autre » ?

La réponse à ces questions coule de source pour celui qui est à l'extérieur, mais est très difficile à donner pour celui ou celle à qui elles s'adressent. Jacques accepte de regarder sa vérité en face et se rend compte qu'il a toujours ressenti qu'il n'est pas « aimable » (mot que je place entre guillemets parce que je lui donne ici la signification : que l'on ne peut pas aimer), puisque sa propre mère, qu'il aimait par-dessus tout, avait été capable de l'abandonner. Il est donc un horrible bonhomme puisque sa mère le rejetait loin d'elle physiquement. Un petit garçon de six ans éduqué de la façon dont Jacques l'a été ne pouvait pas pleurer et encore moins se mettre en colère, car cela ne se fait pas, d'où la douleur de la séparation. Le mental étant alors le maître, toute une construction mentale s'élabore : je ne peux pas être quelqu'un d'« aimable », alors soit je me fais tout petit afin d'être enfin apprécié par les autres, soit je brise et casse toutes mes relations avec ceux-ci, car de toute façon cela va se terminer par un nouvel abandon. Par conséquent, mieux vaut que j'abandonne les autres avant qu'ils ne le fassent...

Si l'on regarde l'histoire de vie de Jacques, on peut s'apercevoir qu'elle a été constamment dominée par l'une ou l'autre version du même mal (et parfois par les deux) : l'« abandonnite ».

Nous nous apercevons que l'abandon n'apparaît qu'après que Jacques s'est permis dans un premier temps de vivre l'émotion liée à une scène vécue avec son père il y a de nombreuses années et que, la colère étant exprimée, cela a permis à d'autres scènes beaucoup plus anciennes de remonter du plan enfoui et « inconscient » au plan plus superficiel et conscient.

Véronique est une jeune femme de 32 ans, mariée depuis deux ans, sans enfant. Elle souffre de façon récidivante de troubles tels que des sinusites, trachéites et bronchites, survenant aussi bien en hiver qu'en plein été. Cela est apparu depuis sa rencontre avec l'homme qui est devenu son mari, c'est-à-dire il y a cinq ans environ. Véronique arrive parfaitement à faire le lien entre les troubles dont elle souffre et sa relation maritale. Elle reconnaît que très souvent son mari l'énerve et l'irrite pour de multiples raisons. Elle parvient la plupart du temps, depuis le stage OGE auquel elle a participé, à exprimer sa colère afin de ne pas laisser traîner la pathologie, et ainsi à guérir sans l'aide d'antibiotiques... Mais de façon récurrente, elle retombe malade. De plus, elle désire comprendre pourquoi, malgré le fait qu'elle exprime de façon régulière ses émotions, elle continue à s'énerver « pour des événements futiles ». Elle ferait mieux « d'accepter la personnalité de son mari qui à beaucoup d'égards est une personne qu'elle aime beaucoup ». Elle en conclut qu'elle a un problème d'acceptation de l'autre, qu'elle est trop perfectionniste et qu'elle agit comme une enfant gâtée qui, n'ayant pas exactement en face d'elle la personne idéale, casse son jouet de rage. Désirant sauver son couple, elle a élaboré de multiples tentatives de dialogue avec son mari. Ces discussions n'ont débouché sur rien de concret ni de constructif. Devant cette situation qui paraît bloquée, elle se demande si elle ne ferait pas mieux de se séparer afin « d'être en accord avec elle-même ».

Comme pour Jacques, il est important pour Véronique de comprendre ce que vient lui dire son corps de façon répétitive depuis cinq ans. Quel est le message envoyé par son corps ?

La sagesse populaire a de multiples expressions par rapport à cette région spécifique telles que : « cela me reste en travers de la gorge », « j'ai les boules », « j'en reste muet ». La gorge sert certes à avaler de l'air mais aussi à exprimer, à sortir en sons des paroles.

La médecine classique, depuis peu de temps, associe souvent les troubles récidivants ou chroniques de la sphère ORL à une hyperacidité gastrique et traite en conséquence ceux-ci avec l'adjonction d'un antiacide.

La médecine chinoise fait un lien direct entre le foie et la sphère ORL ; les sinusites étant notamment une « porte de sortie » des toxines accumulées par le foie. Or, nous avons déjà vu que le foie est l'organe dans lequel sont stockées les colères non vécues.

Deux types d'informations sont ainsi fournis par le corps de Véronique :

- tu n'exprimes pas ou pas assez ;
- tu as de la colère que tu n'exprimes pas.

Véronique comprend ce langage et à chaque épisode exprime sa colère afin de se faire du bien ; elle le fait seule et en s'autorisant à l'exprimer totalement et pleinement, ce qui explique pourquoi elle se débarrasse très vite, et sans l'aide de médicaments, de ses maux. Mais les troubles reviennent de façon régulière, ce qui signifie (et c'est ce que lui dit son corps même si cela peut l'énerver) que quelque chose d'autre n'est pas exprimé, de plus profond et qui n'a pas encore été décodé par Véronique.

Alors qu'elle se permet d'éteindre son mental et de laisser remonter les émotions par le biais d'exercices pratiques, certaines scènes de son enfance remontent alors à la surface. Elle est enfant unique, avec des parents qui ne s'entendent pas. Une scène revient dans laquelle sa mère est enfermée en pleurant dans sa salle de bains, son père étant dans le couloir sans oser intervenir et elle au milieu, ne ressentant aucune attention de son père, ne pouvant pas aller voir sa mère et ne désirant pas aller se réfugier dans sa chambre qu'elle déteste. Que ressent-elle alors ? « Je suis totalement abandonnée par ma mère, par mon père et par la vie... »

Bien entendu, dans une situation comme celle-ci, il n'était pas pensable pour Véronique d'exprimer quoi que ce soit. Le mental est alors au pouvoir et la machine à penser peut s'enclencher : « Mes parents me délaissent car je ne suis pas "aimable" ; ils ne s'entendent pas à cause de ma présence et par conséquent je ne vaux rien. »

Quelles sont les paroles et les conclusions de Véronique en ce qui concerne son problème relationnel avec son mari ? Nous retrouvons le même mental répétant des paroles similaires. Si je continue à exprimer à mon mari ce que je ressens et ce dont j'ai envie, il va se lasser et m'abandonner ; par conséquent, mieux vaut me taire et me satisfaire de ce que j'ai ; d'un autre côté, peut-être vaudrait-il mieux que je me sépare de lui avant qu'il ne le fasse, car « de toute façon je ne peux être aimée pour qui je suis ». Véronique souffre pour toutes ces raisons d'« abandonnite ».

Thomas est âgé de 36 ans, divorcé depuis 5 ans ; il vient me consulter, parce qu'il souffre d'eczéma depuis l'enfance. Cette pathologie est apparue à quatre ans lors du divorce de ses parents et a été traitée de façon classique par un dermatologue avec des crèmes à la cortisone. Au bout de quelques années, l'eczéma a disparu mais il est réapparu deux ans après son divorce.

La séparation avec son ex-femme s'est bien passée selon Thomas et il ne voit pas de cause à effet entre cet événement et la réapparition de son eczéma. Il avait épousé cette dernière afin de bâtir une famille, ce qui s'est réalisé avec la naissance de deux garçons. Sa relation avec sa femme était bonne, sans grande passion ni grande complicité, mais elle lui a permis de vivre « une vie tranquille, sans grande surprise avec une femme qu'il aimait bien et surtout qui lui permettait de ne pas trop se remettre en question ». Au bout d'une dizaine d'années, Thomas et sa femme décident de se séparer d'un commun accord, ne voyant plus très bien ce qui les relie encore, si ce n'est leurs enfants, et surtout désirant vivre, chacun de leur côté, de façon plus entière et pleine.

Une année après, Thomas tombe follement amoureux d'une jeune femme de 26 ans avec laquelle il vit une passion totalement partagée. Il vit cette relation avec de grands hauts et de grands bas qui lui donnent l'impression de vivre pleinement, mais il reconnaît qu'il se conduit de façon parfois « irrationnelle », avec des accès de rage, une jalousie presque maladive et une attitude autodestructive. Il précise que lorsque son amie, très amoureuse de lui, lui demande d'aller plus loin dans sa démarche envers elle, c'est-à-dire de s'engager par un mariage, il crée une situation de grand conflit qui provoque immédiatement chez son amie un désir de rompre. Tout cela génère une grande instabilité dans leur relation et perturbe beaucoup Thomas.

Répondant à quelques questions que je lui pose, Thomas fait aisément la relation entre l'apparition de son eczéma et un événement survenu quelques années auparavant dans sa relation avec son amie ; le fait que son amie l'ait trompé, alors que lui venait de faire de même, n'a pas été digéré et la colère liée à cet événement n'a pas été vécue. Faisant le lien entre cette colère non exprimée (en effet Thomas avait réprimé cette dernière de peur de perdre définitivement son amie) et son trouble dermatologique, il se permet alors de vivre cette colère, seul, afin de se faire du bien. Il me dit s'être senti grandement soulagé après l'avoir fait. Néanmoins, son eczéma persiste et une crise très importante suit l'expression de son émotion... Il ne comprend pas le pourquoi de cette nouvelle crise alors qu'il lui semblait s'être fait beaucoup de bien en exprimant la colère stockée en lui depuis plusieurs années concernant cet événement particulier de sa relation. Le corps de Thomas, étant son meilleur ami, lui montre par la crise eczémateuse que quelque chose ne va pas et qu'une émotion importante reste à être vécue. Mais laquelle ?

Thomas souffre d'un eczéma dans le moment présent. Il en a déjà souffert dans son enfance et après avoir évacué de la colère il fait une crise très importante. Que vient lui dire son meilleur ami, à savoir son corps, au travers de cette manifestation physique ?

La sagesse populaire a compris depuis longtemps que la peau est l'interface entre soi-même et les autres. Des expressions telles que « cela me hérisse le poil », « je suis mal dans ma peau », « cela me démange de faire quelque chose », « cela me fout des boutons de penser à telle chose », « j'ai la chair de poule » existent et viennent nous rappeler qu'à travers la peau des émotions bloquées s'expriment.

La médecine classique, malheureusement, n'a pas compris grand-chose et se borne à traiter les symptômes avec des corticoïdes comme panacée, la cortisone étant une drogue dure, avec de multiples effets secondaires très nocifs.

Pour la médecine chinoise, la peau est une des portes de sortie des toxines du foie, au même titre que la sphère ORL, les yeux et plus tardivement les troubles dégénératifs des articulations du type arthrite, arthrose.

Deux types d'informations sont par conséquent fournis à Thomas par son corps :

- tu as de la colère en toi que tu n'exprimes pas ;
- quelque chose te démange fortement.

Certes, il s'est donné l'autorisation d'exprimer la colère relative à l'épisode de tromperie dont il a été victime quelques années auparavant. Mais, son corps continuant à exprimer son message, il faut croire que soit il ne l'a pas fait totalement, c'est-à-dire qu'il lui reste encore de la colère par rapport à cet événement, soit que l'eczéma est relié à un autre événement non vécu émotionnellement, soit encore un mélange des deux. Comme Thomas estime avoir complètement évacué la colère liée à l'infidélité de son amie, il se retrouve avec un seul choix : un autre événement de sa vie est relié à l'eczéma. Ce qui revient à dire qu'une partie de lui-même bloque encore...

Thomas, en se permettant de revenir dans le moment présent, a laissé remonter une scène bien précise remontant à son enfance. Il avait quatre ans et son père lui annonçait en présence de sa mère en larmes qu'il quittait la maison familiale pour s'installer avec une amie à l'étranger. Depuis cette scène, Thomas a très peu vu son père et il ne le voit que de façon furtive, étant donné que ce dernier a fondé une autre famille et ne désire pas (car sa nouvelle femme ne le souhaite pas) le recevoir chez lui. Qu'a-t-il ressenti lors de cette scène ? « De la rage, de la tristesse et le sentiment de n'être pas grand-chose... » Qu'a-t-il fait alors de ces émotions ? Rien, car la situation ne s'y prêtait guère. Ce qui revient à dire que le mental a bloqué l'expression de la tristesse et de la colère, que ces émotions sont toujours présentes en Thomas et qu'en plus, le mental a pu entreprendre son merveilleux travail de sape depuis cette date.

En contemplant la vie affective de Thomas, nous constatons qu'il a épousé une femme avec laquelle il ne partageait pas grand-chose, ce qui lui permettait de ne pas trop s'engager mais par la même occasion de ne pas prendre beaucoup de risques au cas où les choses tourneraient mal. Dans un deuxième temps, il s'est permis de vivre une belle et intense histoire d'amour avec la peur au ventre de perdre l'être aimé, d'être abandonné à nouveau. D'où cette « irrationalité » que Thomas redoute tant: d'un côté, j'aime cette femme et je suis prêt à tout accepter pour ne pas la perdre ; d'un autre côté, je fais tout mon possible pour casser cette relation qui ne peut que péricliter vu que je ne suis pas « aimable ». Cela est encore l'attitude type le plus souvent inconsciente de quelqu'un qui souffre d'« abandonnite ».

En observant ces trois exemples, nous pouvons mieux cerner ce qui caractérise ce mal dont souffrent tant de personnes. Il est étonnant de constater le nombre important de patients souffrant de cette « abandonnite » ainsi que de manifestations multiples de celle-ci.

Le rejet sous toutes ses formes peut aussi déboucher sur l'« abandonnite ». Une personne rejetée par une autre personne ou par un groupe ressent colère et tristesse. Si celles-ci ne sont pas ressenties et exprimées, le mental va jouer son rôle et les troubles physiques ou comportementaux vont apparaître. Ce rejet peut parfois être difficilement perçu par la personne qui en souffre.

Angélique, âgée de 28 ans, souffre d'eczéma et de crises de boulimie. L'eczéma remonte à l'enfance et la boulimie à l'adolescence. Sa vie affective ressemble à s'y méprendre à celle de Thomas: dans un premier temps, une relation « tranquille » mais tellement reposante qu'elle a désiré y mettre fin. Puis une relation très passionnelle et destructrice avec un homme souffrant lui-même d'« abandonnite », dans laquelle elle ne s'est que très rarement laissé aimer. Elle met fin à cette relation afin d'en vivre d'autres qui ne lui procurent jamais ce qu'elle attend d'une relation amoureuse. Mais qu'en attend-elle si ce n'est le fait que de toutes les façons, elle va se faire abandonner ou qu'elle abandonnera l'autre avant que cela ne survienne ? En laissant remonter à la surface les émotions, il apparaît qu'Angélique a un frère plus jeune qu'elle né avec une maladie importante qui a nécessité de multiples hospitalisations et beaucoup de soins à la maison. Du même coup Angélique, dès l'âge de deux ans, s'est sentie rejetée par sa mère et a développé un eczéma et un asthme de type allergique. Il a été très difficile à Angélique d'accepter qu'elle puisse être en colère envers sa mère et son frère, que le fait qu'elle n'ait pas pu exprimer celle-ci ait entraîné une importante dépréciation d'elle-même et un très fort sentiment d'abandon sur le plan affectif. Lorsque Angélique s'est donné la permission de vivre ces émotions, l'eczéma a totalement disparu et les crises de boulimie se sont fortement estompées.

Les troubles liés à l'« abandonnite »

Chez la personne atteinte d'« abandonnite », nous retrouvons tous les troubles liés à l'action du mental, qui peuvent être physiques, mais aussi des troubles comportementaux assez spécifiques.

Les manifestations physiques vont principalement être liées aux deux émotions colère et tristesse et à leurs sphères respectives.

Le blocage de la colère par le mental provoque des troubles touchant la sphère du foie, vésicule biliaire et pancréas mais aussi les yeux, la gorge, les sinus et la peau. Le blocage de la tristesse va toucher les poumons, les bronches principalement. Soulignons néanmoins que toute personne souffrant d'eczéma, par exemple, même s'il y a de fortes probabilités que la cause en soit une colère bloquée, n'est pas forcément quelqu'un souffrant en arrière-plan d'« abandonnite ». Néanmoins, si les troubles persistent malgré l'expression de la colère immédiate et consciente, il faut alors penser à remonter dans le vécu de la personne afin de voir si l'abandon ne fait pas partie de ce dernier.

Une des autres grandes manifestations de l'« abandonnite » est la peur souvent profonde qui peut se manifester dans le corps par des troubles des oreilles, de la vessie et des reins. Il n'est pas rare de rencontrer des personnes souffrant d'abandon chez des patients ayant souffert d'otites nombreuses pendant leur enfance puis, ces dernières s'arrêtant, de cystites à répétition.

Les manifestations comportementales sont les plus diverses et variées. Elles sont surtout présentes dans la relation avec l'autre, que ce soit dans le couple, dans le travail ou dans les relations d'amitié. La base de tous ces divers troubles comportementaux est toujours la même : « Je ne suis pas aimable », ce qui se traduit en bon français par « on ne peut pas m'aimer », une façon de dire qui me semble beaucoup moins forte que la première. Toutes les personnes souffrant d'« abandonnite » ressentent très fortement cette phrase au fond d'eux ; elle y est ancrée et cette croyance repose sur des « faits » réels pour celui ou celle qui en souffre. Cette personne a vécu des scènes très précises, violentes sur le plan émotionnel, qui l'ont conduite à ce postulat de base. Elle est alors convaincue qu'elle ne peut être qu'abandonnée puisqu'elle ne vaut pas grand-chose ou simplement rien.

Le cercle vicieux du mental est alors en route : toute personne qui s'approche et s'intéresse à moi ne peut le faire que par intérêt ou pour se foutre de moi ou parce qu'il (ou elle) me veut du mal. Soit j'accepte pour voir, soit je refuse de façon sèche et cassante ; soit je joue avec cet autre puisqu'il est impossible que ce dernier puisse être sérieux dans ses sentiments, soit je vais jusqu'à un certain point dans la relation puis je bloque complètement, car je vais me faire « jeter » et mieux vaut quitter l'autre avant de l'être par l'autre... Mais une autre attitude est aussi possible : j'accepte tout de l'autre afin d'être aimé, je me sens incapable de dire non et je hais les conflits. Bien entendu, toutes les variantes sont possibles et peuvent être vécues par la même personne.

Comme nous l'avons déjà souligné, la personne souffrant de ce mal n'en est pas consciente la plupart du temps, car la mémoire des événements est « perdue ». Les violences reçues et perçues par l'enfant peuvent être verbales, non verbales, morales et quelquefois physiques. L'enfant les ressent très fortement, ne peut exprimer les émotions liées à ces violences et en conclut qu'il est incompris, non reconnu. Cela engendre un fort sentiment d'injustice, d'humiliation et de dévalorisation, amplifié par le doute, l'impuissance et la peur. La mémoire émotionnelle est ancrée dans le corps, mais le mental va tout faire pour « effacer » les événements. Néanmoins, la mémoire est bien présente et l'émotion n'ayant pas été vécue, elle demeure toujours très actuelle et très présente même des dizaines d'années après ; elle est simplement enfouie, « oubliée ».

La mémoire enfouie ne provoque pas les symptômes physiques. Les troubles exprimés par le corps proviennent du blocage par le mental, qui produit une tension chez la personne souffrante. C'est cette tension présente depuis des heures, des mois ou des années qui va provoquer une diminution des capacités de défense du corps et ainsi faire que celui-ci va s'exprimer via des symptômes.

Les symptômes dont souffrent les patients *sont,* et ne sont ni négatifs ni positifs.

Le message transmis par le corps *est,* et n'est ni négatif ni positif. Il permet, si la personne qui en souffre le désire, à cette dernière de guérir ou de continuer à souffrir. Quel que soit le choix de la personne, il faut le respecter, même si personnellement nous préférerions un choix allant dans le sens de la guérison.

On voit très fréquemment des gens qui ont oublié des événements. Il est courant que les personnes souffrantes auxquelles je demande quel est l'événement déclencheur aient un blanc total. « Que s'est-il passé quelques heures avant l'apparition des premiers symptômes de votre sinusite ? » Très souvent, y compris chez les patients sachant pertinemment que je vais leur poser *la* question, la réponse tombe : « Cette fois-ci, docteur, j'ai bien cherché mais rien, absolument rien n'est survenu. » Après que je lui ai demandé de bien se concentrer sur les heures ayant précédé l'événement chargé d'une émotion non vécue, la mémoire revient à la personne souffrante. Il est courant alors d'entendre une réflexion du type : « Vous n'allez pas me dire que ceci puisse être responsable de tout cela, c'est tellement insignifiant ! » Eh bien ! oui, cet événement « tellement insignifiant » est bien celui qui a déclenché « tout cela ».

Le mental est très fort pour minimiser l'impact émotionnel, puisque son rôle est justement de nous couper de nos émotions en nous sortant du moment présent. Ce faisant, il induit un trouble de notre mémoire événementielle. Nous retrouvons cela de façon courante chez des personnes ayant vécu de grands chocs, mais aussi très fréquemment chez toute personne ayant souffert à un moment donné dans sa vie et n'ayant pas pu ou pas eu l'occasion d'exprimer les émotions liées à ce vécu. Très souvent, des événements vécus pendant la petite enfance ou l'enfance peuvent être enfouis au fin fond de notre mémoire émotionnelle et avoir un impact physique de nombreuses années plus tard. L'enfouissement s'explique par l'impossibilité matérielle de s'exprimer dans laquelle se trouve l'enfant, totalement dépendant. Cette dépendance totale, à ce moment de sa vie, lui enlève toute possibilité d'exprimer sa colère ou sa tristesse. Autant, à une certaine période de l'enfance, la non-expression peut être considérée comme un acte de survie, autant il est important de se délier de ce blocage au plus vite, afin de se libérer des conséquences inéluctables qu'un tel blocage provoque par la suite.

Processus de guérison

Éteindre le mental

Afin de retrouver la mémoire « oubliée », il faut impérativement se remettre dans le moment présent. Celui-ci contient en effet notre passé émotionnel non vécu. Prendre conscience ne peut se faire et se vivre que dans le moment présent. Nous ressentons uniquement dans le présent. L'événement appartient en effet au passé, mais l'émotion reliée à celui-ci, n'ayant pas été vécue, reste bien actuelle et ne peut être ressentie que dans le moment présent. Même la psychanalyse commence à réaliser ce point essentiel : « Le virage vers la conscience est lié au virage vers le moment présent[6]. » La seule façon de revenir dans l'ici et maintenant est d'éteindre le mental.

Il peut paraître illogique de devoir se mettre dans le moment présent afin de retrouver des mémoires « oubliées » reliées à des événements appartenant à notre passé. Cela résulte à nouveau d'un leurre de notre grand ennemi le mental.

En premier lieu, si la mémoire est déficiente, cela risque d'être difficile de la retrouver en l'utilisant. Le mental est celui qui bloque la conscience du vécu, puisque c'est lui qui, en nous mettant dans le passé ou dans le futur, fait en sorte que notre vécu soit vide et inexistant.

Imaginons néanmoins que je désire retrouver un blocage lié à mon passé et que pour ce faire, je parte avec mon cerveau dans l'analyse de celui-ci. Je vais utiliser ma mémoire afin de retrouver l'événement déclencheur de ce dont je souffre. Mais ma souffrance est présente, car le mental bloque de toutes ses forces l'émotion liée à l'événement en question et paralyse ma mémoire... Il y a toutes les chances que je passe à côté de l'événement responsable mais que je retrouve plein d'autres événements n'ayant aucun rapport avec ce que je recherche. Admettons que, par un heureux hasard, l'événement en question se trouve dans les nombreux événements retrouvés: comment vais-je savoir que celui-ci est le bon ? L'analyse faite par mon mental pourrait éventuellement me faire conclure qu'il se pourrait que cet événement soit celui qui a déclenché ma souffrance. Comment vais-je pouvoir en être sûr si je ne me permets pas de ressentir ? Cela demandera forcément que je revienne au moment présent, donc à mon ressenti, afin de déterminer de façon sûre que tel événement est le bon.

Enfin, l'important n'est pas tant de retrouver l'événement mais le contenu émotionnel de celui-ci afin de pouvoir le vivre et du même coup de se sentir mieux.

Alors pourquoi ne pas prendre un chemin beaucoup plus rapide, sûr et efficace, qui est de se replonger dans le moment présent, dans lequel nous allons retrouver la mémoire d'événements douloureux ou désagréables ?

Une fois la mémoire retrouvée, il arrive souvent que la personne n'accepte pas dans un premier temps le discours. Elle va nier le fait que ce qui s'est passé dans sa vie ait pu provoquer ce dont elle souffre, va minimiser l'impact de tel ou tel événement passé sur sa vie actuelle, annoncer que tout ce passé est digéré et que revenir sur le passé ne sert pas à grand-chose.

Je partage entièrement l'idée que remuer le passé ne sert à rien si cela n'est pas suivi par l'expression de l'émotion dont est porteur l'événement en question. Parler de son passé sans passer à l'expression peut être beaucoup plus dangereux que de continuer à l'ignorer. Analyser le passé ne sert pas à grand-chose et est tout aussi dangereux. Comprendre intellectuellement le problème après en avoir pris conscience peut être utile pour certaines personnes, mais n'est en aucun cas la finalité. Tout cela reste du domaine du mental et ce dernier excelle à nous faire perdre du temps et de l'énergie. Là encore, l'approche est très différente de l'approche classique. Il n'y a aucun sens à remonter dans son passé si cela ne doit mener qu'à une prise de connaissance de celui-ci.

Beaucoup d'approches très en vogue actuellement vont dans cette direction : le retour dans son passé familial, dans la constellation familiale, les régressions dans ses vies antérieures constituent des tentatives de faire remonter à la surface des mémoires « oubliées ». Cela est parfait, à la condition que les personnes se prêtant à ces exercices puissent en faire quelque chose qui les amène à guérir des maux dont elles souffrent ou à se sentir mieux. Ce n'est malheureusement pas ce que je peux constater dans ma pratique.

Josette, âgée de 43 ans, souffre depuis 4 ans d'une douleur à l'épaule gauche faisant suite à une chute en skis ; cette douleur très invalidante l'empêche de bouger son épaule et limite tous ses mouvements. Elle a consulté un rhumatologue qui a posé le diagnostic de « périarthrite », lui a administré des anti-inflammatoires à haute dose et prescrit des séances de physiothérapie. N'ayant pas supporté les anti-inflammatoires qui ont provoqué une gastrite et trouvant les séances de physiothérapie inefficaces, elle vient me consulter. Entre la première consultation et la deuxième, elle fait une régression dans ses vies antérieures afin de comprendre ce que cette épaule vient lui dire. Lors de cette régression, elle s'est vue au Moyen Âge tombant d'une grande échelle, alors qu'elle attaque un château fort ; sa chute se fait sur l'épaule gauche et elle reste invalide à la suite de cet accident. Je lui demande alors ce qu'elle en retire pour elle-même et ce qui dans ce qu'elle a « revécu » peut l'aider à guérir de sa périarthrite. Sa réponse est immédiate : « Je sais maintenant pourquoi je souffre de cette affection. » Ne comprenant pas sa réponse, je lui demande des éclaircissements. Josette, en revivant sa chute et la douleur « passée », comprend qu'elle doit revivre cet état (en moins grave) dans sa vie actuelle afin de nettoyer son passé (et par conséquent son présent) de certaines mauvaises actions qu'elle a faites au Moyen Âge... Comprenant mieux le raisonnement, je lui demande si son épaule gauche va mieux après qu'elle a revécu son passé. Non, me répond-elle, mais le fait d'avoir compris va certainement la mener à guérir ; c'est en tout cas ce que la personne menant la séance de régression lui a laissé entendre. Bien évidemment, rien de cela ne survient et Josette se retrouve avec une compréhension intellectuelle de son mal, sans savoir très bien ce qu'elle peut en faire ; de plus, rien ne s'améliore en ce qui concerne son mal, bien au contraire.

Acceptant alors de revenir à l'événement déclencheur, à savoir la chute en skis, elle réalise qu'elle est survenue juste après une grande dispute avec son père. Ce dernier lui a refusé son aide financière pour un projet qu'elle désirait réaliser. Depuis, son projet est passé aux oubliettes et elle se retrouve bloquée dans son activité professionnelle. L'événement est trouvé, reste encore à traiter la cause de la périarthrite. En effet, retrouver l'événement n'est pas une fin en soi. Si on s'arrêtait à ce stade, nous n'aurions fait qu'une autre approche du genre de celle que Josette a tentée en faisant une régression dans ses vies antérieures. Comprendre ne signifie pas guérir. Intellectualiser n'a jamais amené qui que ce soit à aller mieux. Oui, la personne peut s'expliquer à elle-même et aux autres qu'un événement est survenu qui a déclenché la pathologie, mais en aucun cas cela ne va induire le mieux-être ; bien au contraire, il y a de fortes chances que la personne ressasse et rumine l'événement et que cela conduise à une amplification des douleurs ou à du mal-être. En effet, l'événement en tant que tel n'est nullement la cause de ce dont souffre la personne, mais n'est que le déclencheur de tout un processus qui mène à la maladie ; si on ne s'attaque pas au processus, il n'y a aucun espoir de guérison à court ou long terme.

Que peut faire Josette de cela ? Dans un premier temps, elle me dit qu'elle est très heureuse d'avoir trouvé la « cause ». Je lui demande alors ce qu'elle va en faire afin de guérir de sa périarthrite. Elle me répond qu'elle va de ce pas reparler à son père de son projet afin que celui-ci puisse l'aider. Je lui demande si son corps, son meilleur ami, lui dit cela à travers sa souffrance. Celle-ci est-elle due au fait qu'elle n'a pas pu réaliser son projet ou au fait qu'elle a ressenti une émotion qu'elle ne s'est pas permis de vivre, telle que la colère ou la tristesse ? Qu'a-t-elle ressenti par rapport au refus de son père de l'aider ?

Qu'a-t-elle fait de ce ressenti ? Lorsqu'elle revit la scène, ce ressenti est-il encore bien vivant dans le moment présent ou a-t-il disparu ? Josette m'avoue que sa colère est encore très actuelle, que l'évocation de la scène lui fait ressentir une rage profonde envers son père...

Nous avons fait un grand pas en avant, mais là encore, comprendre que l'on ressent une émotion et que cette dernière n'a pas été vécue reste un acte de prise de conscience, mais ne peut amener au mieux-être. Nous nous retrouvons dans la position du singe savant, qui a tout compris. Mais qu'avons-nous vécu ? Rien encore et, par conséquent, la guérison ne peut survenir. Toute personne essayant de prouver le contraire sera bien en peine de le faire : le corps parle et continue de parler en présentant à celui qui souffre les mêmes symptômes. Notre meilleur ami reste totalement insensible aux sirènes de la compréhension intellectuelle. La maladie, message d'espoir, est présente pour dire à la personne qui en souffre qu'elle doit se mettre en harmonie avec elle-même, c'est-à-dire vivre ce qu'elle ne s'est pas permis de vivre.

Il aura fallu à Josette prendre son courage à deux mains et exprimer sa colère envers son père, seule, pour arriver à débloquer son épaule et à ne plus souffrir de sa périarthrite. Cerise sur le gâteau, cela lui a permis par la suite de discuter dans l'ouverture (et non dans l'amertume et la fermeture) avec son père et sa situation financière s'est à son tour débloquée...

David, âgé de 35 ans, célibataire, souffre depuis six mois d'une dépression survenue après une longue période de surmenage au travail. Il travaille dans une banque et voyage beaucoup dans diverses parties du globe afin de s'occuper de ses clients. Ayant constaté qu'il montrait moins de dynamisme dans son travail et que les voyages incessants auxquels il se soumettait commençaient à le fatiguer, il s'est mis à consommer de façon assez régulière de la cocaïne pendant la journée et des somnifères la nuit afin de dormir « comme il le faut ». Il est arrivé à tenir le coup pendant deux ans à ce rythme, puis la cassure est survenue. Il est allé consulter un confrère et le diagnostic est tombé comme un couperet : « Vous souffrez d'une dépression. » Immédiatement, des antidépresseurs lui ont été prescrits et David a été dirigé vers un psychiatre. David, dans un premier temps, a pris les antidépresseurs mais, se rendant compte qu'il s'endormait presque à sa table de travail, il les a abandonnés au bout de trois semaines. Idem pour ses consultations chez le psychiatre qui ne lui « amènent rien ». Il n'est pas malade, juste surmené et, en bon cadre dynamique, n'accepte pas cette situation qui le freine dans sa course effrénée.

Sur les conseils d'une de ses amies, qui s'inquiète du fait qu'il reste célibataire et qu'il consomme des drogues, il va suivre deux séances de « constellation familiale », thérapie complexe qui permet aux participants de retrouver leur vraie place dans la famille ou dans la société, en comprenant ce qui, dans leur ascendance, leur a été laissé comme héritage, soit au travers des non-dits (secrets de famille), soit au travers de personnes les ayant chargés de leurs problèmes. David en ressort convaincu qu'il reprend à son compte l'attitude d'un de ses oncles, célibataire comme lui, qui, au même âge, était tombé dans la dépression chronique et la drogue. Il vient me voir en m'expliquant tout cela et attend de moi que je puisse l'aider à sortir de l'inextricable situation dans laquelle il se trouve. Il a compris grâce à son approche que son parcours de vie ressemble à s'y méprendre à celui de son oncle, qui a été très délaissé par son père. David a lui aussi été très délaissé par son propre père, absent la plupart du temps pour des raisons professionnelles. Il a toujours admiré son père en tant que père et non en tant que papa. Bref, David, très intelligent et très rapide, sait tout cela mais ne va pas mieux. Bien au contraire, étant maintenant au courant de cet imbroglio affectif familial, il ne sait pas quoi en faire et ne sait toujours pas comment il peut se débarrasser de tout cela afin de vivre mieux et surtout de demeurer performant dans son travail qu'il aime...

David est l'exemple type, à mes yeux, de ce à quoi peut mener ce genre d'approches qui sont certes très intéressantes afin de prendre conscience de problèmes pouvant atteindre l'individu, mais qui ne débouchent sur rien d'autre que la compréhension intellectuelle, ou la prise de conscience du problème. L'individu est alors laissé à lui-même, sans avoir progressé d'un centimètre vers le mieux-être. À quoi sert à David de prendre conscience que son parcours de vie est le même que celui du frère de son père ? « À pouvoir reprendre sa vraie place dans la famille et à ne plus porter inconsciemment les problèmes de son oncle sur ses épaules », me répondra-t-on. J'entends bien ces belles paroles, mais pratiquement, comment faire cela ? David doit-il se répéter tous les jours en se levant qu'il n'est pas son oncle, qu'il n'a pas à porter sur ses épaules des choses qui ne lui appartiennent pas, qu'il n'a pas à répéter le parcours de son oncle, car il est David et non son oncle ?

Beaucoup trop de « thérapies » conduisent à la redécouverte d'événements, mais ne donnent pas à celui qui les suit une méthode simple et efficace afin d'en faire quelque chose de concret. À quoi cela me sert-il de faire remonter un événement à ma mémoire si je ne sais quoi en faire ?

David a une compréhension intellectuelle de son problème, ce qui est bien en soi, mais que ressent-il ?

Cette question du ressenti est toujours « la question qui tue », qui laisse sans voix la personne interrogée... David me répondit qu'il pensait « qu'ayant découvert cette chose, il allait pouvoir l'éliminer en vivant différemment ». Voici la suite de notre entretien.

– Que ressentez-vous par rapport à cette « chose redécouverte » ?
– Rien de bien particulier si ce n'est une certaine gêne.
– Revenons à votre corps, votre meilleur ami : sentez-vous à l'évocation de cette « chose » une tension ou une détente ?
– Une certaine tension, mais très supportable.
– Que vient vous dire votre corps au travers de cette légère tension ?
– Que mon père aurait dû plus s'occuper de moi pendant mon enfance, moins exiger des performances scolaires, mais il ne le pouvait pas étant donné...
– Que ressentez-vous en me disant cela ?
– Rien si ce n'est une déception et une certaine frustration, mais...
– Lorsque vous me parlez de « déception » ou de « frustration », quelle est l'émotion qui se cache derrière ces mots ? De la joie, de la tristesse ou de la colère ?
– Oui, une certaine tristesse.
– Lorsque vous me dites une « frustration », ressentez-vous de la tristesse ou de la colère ?
– De la colère...

Par cet échange, David parvient à parler de ressentis, d'émotions et grâce à cela commence à sortir de son mental. Je dis commence, car parler de ses émotions est une bonne chose en soi, mais ne va pas amener David à se sentir mieux. Le fait de dire qu'il ressent une tristesse et une colère est un progrès, mais ne résout en rien son véritable problème, source de son mal-être.

Mais quel est son véritable problème ? Est-il d'avoir été abandonné par son père ? Ce fait n'est que la vérité de David, le vécu de ce dernier par rapport à son père. Comprendre que son père ne l'a pas aimé de la façon dont il aurait désiré l'être n'est qu'une constatation « historique », n'implique rien d'autre que d'accepter ce fait, que de « lâcher prise » par rapport à cette prise de conscience. Mais ce faisant, David va-t-il se sentir mieux ? Oui, me répondront beaucoup de personnes, car « il n'y a pas à revenir sur le passé, et de toute façon le mal est fait ».

C'est ce que me répond David. Quelques mois plus tard, ce dernier, n'allant pas mieux, revient me consulter. Il souffre d'une bronchite depuis plusieurs semaines et a entre-temps souffert d'un premier épisode de cholécystite aiguë (inflammation de la vésicule biliaire qui est une poche servant à stocker la bile, produite par le foie). Le traitement prescrit par un confrère, la prise d'antibiotiques, a calmé la crise aiguë de cholécystite mais la bronchite continue.

Que vient dire son corps à David ? Au travers de la vésicule biliaire, ce dernier révèle qu'une colère reste non exprimée en lui, et au travers des bronches qu'une tristesse est présente mais non vécue... Ces clés étant données à David, il ne lui reste plus qu'à vivre cette colère et cette tristesse afin, d'une part, de guérir de sa bronchite, mais aussi de commencer à résoudre le vrai problème dont il souffre depuis de nombreuses années.

Quel est ce problème ? David s'est senti abandonné par son père ; cela a entraîné des émotions (colère et tristesse) que son mental a bloquées. La source de son mal-être et de son mal-vivre se trouve dans le travail du mental qui fait tout afin que David ne ressente plus rien (et par conséquent qu'il ne puisse rien exprimer), et non dans le fait d'avoir été abandonné par son père. Ce point est très important : l'événement n'est jamais le problème. Il est simplement un vécu. Ce dernier induit des émotions. Jusque-là, il n'y a pas de problème ; bien au contraire, cela prouve que la personne est vivante ! Le problème survient uniquement lorsque les émotions ne peuvent être vécues.

Quel est le responsable du non-ressenti et du non-vécu ? Le mental. Il faut par conséquent éteindre ce dernier, ce qui signifie revenir dans le moment présent, afin de pouvoir ressentir et vivre les émotions liées à l'événement déclencheur, se trouvant être dans le cas de David l'abandon.

Reconnaître, accepter, ressentir et vivre la colère et la tristesse

La finalité est par conséquent de s'autoriser à vivre la colère et la tristesse retrouvées. Comme nous l'avons vu précédemment, cela passe par la reconnaissance, l'acceptation, le ressenti et enfin l'expression de l'émotion qui a été prisonnière du mental pendant des années. Sans cela, toute la démarche est inutile et peut même se révéler contre-productive.

S'autoriser est un acte de reconnaissance, un acte de respect et un acte d'amour envers soi-même. Quoi de plus important pour une personne qui a été abandonnée par les autres et ensuite par elle-même que de s'accorder un peu d'amour ? L'abandon est un acte de non-amour ou d'amour conditionnel. Le fait de se donner à soi-même le droit d'éteindre le mental constitue un acte d'amour envers soi-même. Retrouver la mémoire émotionnelle est un acte d'amour envers soi-même. Accepter l'émotion, la ressentir et enfin de vivre est encore un acte d'amour envers soi-même. Si le non-amour entraîne la souffrance et la destruction, l'Amour entraîne la reconstruction, la guérison et le bien-être. C'est en se donnant de l'amour à elle-même que la personne souffrant d'« abandonnite » pourra ne plus en souffrir et dans un deuxième temps donner de l'amour aux autres.

Chapitre 5

Le lâcher prise

Le lâcher prise est un des grands piliers afin de rester en bonne santé et une des techniques les plus fortes et importantes afin de parvenir à vivre pleinement et totalement. Beaucoup a été écrit sur ce sujet, qui continue à passionner les gens. Ayant eu personnellement énormément de peine à y parvenir, constatant que je ne suis pas le seul et voyant que lors des consultations ces mots et la notion qu'ils sous-entendent sont utilisés à toutes les sauces et pour un oui ou pour un non, il m'apparaît important de définir plus clairement ce que la notion de lâcher prise implique. De plus, il est important de définir comment nous pouvons y parvenir de façon pratique.

Un jour, à un des stages OGE que j'anime en tant qu'intervenant (et non en tant que médecin), j'entendis un des participants dire à un autre : « Lorsque tu es en colère, par exemple, au lieu de t'exciter et de tenter de l'exprimer à tout prix, fais comme moi, lâche prise et alors tout ira mieux. » Nombre de fois, le lâcher prise est proposé comme *la* solution qui va permettre aux personnes de retrouver le calme et la sérénité alors que celles-ci ne sont ni calmes ni sereines...

Très souvent, le lâcher prise est proposé par des thérapeutes en tant que mode de vie : je suis dans le lâcher prise parce que je le décide avec ma tête, mon cerveau, mon mental. J'ai un mental fort qui me permet de parvenir à un lâcher prise presque immédiat. Ou bien je ne peux rien faire contre telle ou telle situation que je vis et par voie de conséquence je me décide à lâcher prise. Belles phrases, belles intentions, superbes discours... mais comment y parvenir en pratique ? Puis-je décider avec ma volonté que je lâche prise ? Puis-je, avec un claquement du doigt, parvenir à lâcher prise de façon effective alors que je me trouve dans une situation pénible, difficile ou douloureuse ? Le lâcher prise à lui seul peut-il constituer un mode de vie ? Autant de questions, autant de réponses diverses données par ces thérapeutes que je respecte beaucoup tant qu'ils font preuve de lâcher prise effectifs dans leur propre vie et leur pratique professionnelle, ce qui, il faut l'admettre, n'est pas toujours le cas.

Deux approches existent sur le marché par rapport au lâcher prise :

- l'approche utilisant le mental ;
- l'approche n'utilisant pas le mental.

Ces approches sont fondamentalement différentes dans leurs concepts et dans leurs résultats concrets.

Prenons un exemple afin d'éviter de se perdre dans de belles phrases et dans des théories douteuses. Jean est très amoureux d'une femme. Cette dernière est attirée par Jean, mais est mariée et a deux enfants et ne s'autorise pas pour des raisons qui lui sont propres à vivre son attirance pour Jean. Celui-ci souffre de cette situation qui ne correspond pas à ce qu'il désire. Il est impuissant vu qu'il n'est pas celui qui peut décider et il sait intellectuellement qu'il lui faut lâcher prise... Comment y parvenir très concrètement ?

L'approche utilisant le mental

La première approche, celle qui utilise le mental, va entraîner Jean à se lever un matin avec la ferme volonté de lâcher prise. Jean va décider de lâcher prise et va utiliser sa volonté pour y parvenir. Il va devoir se répéter de façon presque continuelle qu'il est amoureux de cette femme mais qu'en réalité elle n'a pas toutes les qualités escomptées, qu'elle ne l'aime certainement pas assez puisqu'elle ne bouge pas dans sa direction, que de toute façon leur histoire est impossible, etc.

Il peut, pour essayer de se convaincre, dresser la liste de tous les défauts de cette femme, s'imaginer que la vie avec elle et ses deux enfants serait difficile et même se la représenter comme un enfer. S'il est sportif, il se mettra à pratiquer son sport favori intensément ; s'il ne l'est pas, il peut mettre en œuvre quantité d'autres activités afin d'« oublier » le mal d'amour dont il est atteint. Bien entendu, il pourra aussi utiliser des subterfuges tels que l'alcool, la drogue ou les femmes afin de parvenir à ce fameux lâcher prise.

Il aura la possibilité aussi de faire de la sophrologie, de la méditation, de suivre des stages dans lesquels il pourra se familiariser avec le lâcher prise par le biais de techniques élaborées.

Tous ces moyens multiples et variés sont à sa disposition afin de l'aider à vivre ce qu'il a décidé : lâcher prise. S'il y parvient, il aura pendant un petit moment l'illusion qu'il a beaucoup de volonté ; dans le cas contraire, il en conclura qu'il a une piètre volonté ou que cette femme est décidément une vraie sorcière. Si tout cela n'est pas forcément concluant, un de ses proches saura lui dire qu'« avec le temps toute blessure guérit » et qu'il n'a « qu'à prendre son mal en patience en attendant que le temps joue son rôle ».

Jean pourra recevoir d'autres conseils. Essayer de comprendre la femme qu'il aime. Essayer de rester dans le moment présent et de voir que la vie est belle, que celle-ci lui apporte nombre d'autres bonheurs tout aussi importants que son amour non honoré par l'être aimé.

Enfin, s'il accepte qu'il a du ressentiment envers cette femme ou de la tristesse, il se trouvera bien une personne bien intentionnée pour dire à Jean que cela ne sert à rien, qu'il faut qu'il admette que les choses sont telles qu'elles sont et qu'en réalité, plutôt que de ressentir des émotions négatives, il ferait mieux de pardonner.

Dans cette approche, le mental est le moyen et la finalité. Jean décide avec quelle partie de lui-même ? Le mental. Tous les moyens employés (ou à sa disposition) le sont avec l'intention de satisfaire ce mental qui a « décidé ».

Se lever le matin en récitant une litanie de pensées positives ou en faisant la liste des défauts de l'autre ou des impossibilités « objectives » de la situation ne sont que des actes dirigés, dictés par le mental. Cela risque tout au plus de soulager Jean pendant quelques minutes mais lorsqu'il reviendra dans le moment présent, la douleur sera à nouveau présente.

Les subterfuges énumérés plus haut peuvent amener un certain mieux-être à Jean pendant le temps de leur utilisation ; mais dès qu'il arrêtera, la réalité du moment présent reviendra, et cette réalité sera perçue d'autant plus fortement que le rêve créé par le subterfuge a été fort. Essayer de comprendre l'autre est, à mes yeux, une sottise : Jean peut comprendre la femme qu'il aime ; ce n'est pas pour cela qu'il va lâcher prise, ni qu'il ne sera plus en colère ou triste du fait de ne pas obtenir ce qu'il désire. Idem pour le conseil de se consoler en se disant que la vie est belle et que Jean devrait être heureux (plutôt que triste et malheureux !) en remerciant le Ciel d'être en bonne santé, de ne pas vivre dans un pays en guerre. Jean peut être conscient et heureux de tout cela, et en même temps triste de ce qui lui arrive. Conseiller à quelqu'un d'agir de la sorte est encore une fois lui demander d'utiliser son mental afin de scotomiser la vérité du moment présent.

Pardonner à l'autre le mal qu'il vous fait est encore un des conseils très (trop !) souvent entendus. Premièrement, qu'est-ce que Jean a à pardonner et à qui ? La femme aimée ne lui fait aucun mal et ne lui en a fait aucun. Jean est la source de sa propre douleur par le fait que c'est lui dont le corps parle en lui disant « souffrance ». Mais en admettant qu'il lui faille pardonner, peut-il y arriver par le biais de son mental uniquement ? Nous aborderons cette question un peu plus tard.

Un conseil peut aussi être donné à Jean par quelqu'un ayant des connaissances approximatives du bouddhisme : « observer » ce qui se passe, c'est-à-dire prendre du recul par rapport à ce qui le dérange dans cette non-relation physique. Si l'observation sert de point de départ à l'analyse ou à la recherche de solutions, cela émanera encore du mental. La seule observation réelle, qui permet réellement une prise de distance par rapport aux choses et aux événements, se fait dans le moment présent, avec le mental éteint. Nous y reviendrons par la suite.

Comme nous le voyons, le mental est la source de toutes ces actions, ces recommandations et ces conseils. Il y a fort à parier que Jean ne s'en trouvera pas mieux et qu'il risque de se retrouver épuisé, tendu et hyperréactif à la suite de la mise en pratique de cette approche. Pire, s'il devait rencontrer la femme aimée, la rencontre a toutes les chances de très mal se dérouler, car Jean sera alors dans un état de tension extrême.

Ayons toujours à l'esprit une règle d'or : on ne peut décider avec le mental de chasser le mental.

Le mental est l'anti-lâcher prise par excellence ; désirer l'utiliser afin de parvenir à tout ce qu'il n'est pas relève du monde de l'illusion la plus pure. Conseiller à quelqu'un de suivre cette approche m'apparaît comme étant quelque chose de dangereux, de beaucoup plus nuisible qu'efficace.

L'approche n'utilisant pas le mental

Comment parvenir à lâcher prise en n'utilisant pas le mental ? Deux composantes essentielles sont nécessaires :

- être dans le moment présent ;
- accepter et vivre les émotions reliées à l'événement.

Cette approche permet de parvenir à l'acceptation réelle et profonde du fait ou de l'événement et alors de se trouver dans un réel lâcher prise.

Reprenons le cas de Jean et demandons-lui de suivre cette démarche.

Dans un premier temps, Jean doit éteindre son mental en se remettant dans son corps physique et sensoriel. Cette première étape est capitale ; sans celle-ci, il ne peut rester que dans son mental et par conséquent dans sa souffrance. Au travers de celle-ci, son corps vient lui signifier qu'il est hors du moment présent, en train de penser :

soit en étant dans le futur – « Que se passera-t-il si quelque chose de nouveau survient ? » –, soit dans le passé, avec son cortège de regrets. En revenant dans l'ici et maintenant, Jean va être débarrassé de ses peurs, de ses regrets. En étant dans le moment présent, Jean va alors se trouver en « observateur » de la situation ; un observateur « neutre », si l'on peut dire. En effet, débarrassé du mental qui juge, analyse, catalogue et condamne, il verra la situation telle qu'elle est sans les verres déformants de ce dernier. Il sera simplement ici, en train d'observer la situation dans laquelle il se trouve, sans jugement ni projection dans le futur ou dans le passé. Neutre ne signifie pas qu'il ne ressentira rien ; bien au contraire, Jean va être alors en contact avec ses émotions telles que la colère et la tristesse. Cette première étape permet ainsi, en revenant dans le moment présent, de s'autoriser à ressentir, ce qui revient à dire « revivre » ; en effet, une vie sans ressenti n'est plus la Vie mais une survie tout au plus. En éteignant le mental dans un premier temps, Jean retrouve ses émotions et contacte à nouveau son noyau primordial.

Si la souffrance ou une tension subsiste, son corps vient alors lui donner un message très simple : tu ressens une émotion que tu ne te permets pas de vivre, donne-toi l'autorisation de pleurer si tu es triste ou d'exprimer ta colère seul, pour te faire du bien à toi-même. La souffrance et la tension disparaîtront de façon presque instantanée, et surtout le lâcher prise réel sera alors présent.

Dans le cas de Jean, lâcher prise ne signifie pas ne pas laisser ses sentiments remonter à la surface. Bien au contraire : cela signifie accepter l'amour porté à l'autre et laisser aller et vivre cet amour en lui. Celui-ci est là, présent en lui, un point c'est tout. L'accepter est un lâcher prise. Accepter ne signifie pas nier l'amour ressenti ni ne pas le laisser remonter à la surface afin de vivre cela plus facilement. Bien au contraire. Cela signifie prendre conscience que cet amour existe, le laisser être en soi pleinement. Faire cette prise de conscience et vivre cet amour tel qu'il est (et non tel que Jean désirerait qu'il soit déjà) constitue une vraie acceptation de ce qui est.

Nier ce qui existe en lui au moment présent ne pourrait se faire qu'avec l'intervention du mental. Accepter ne signifie aucunement que Jean doit élaborer des plans afin de tout faire pour que son amie lui tombe dans les bras. Cela serait alors le contraire d'un vrai lâcher prise et à nouveau une création de son mental.

Bien entendu, la situation ne sera pas résolue mais Jean n'en souffrira plus. C'est le premier but du lâcher prise. Dans un deuxième temps, cela permettra à Jean, qui n'est plus dans le mental, d'entrer en contact avec son intuition qui pourra lui indiquer le chemin à suivre afin de se sortir de cette situation. Cette intuition ne peut être contactée si Jean est dans son mental, puisque le mental coupe tout contact avec la personnalité innée que nous avons en nous qui est créative, intuitive, intelligente, spontanée et enthousiaste.

Le lâcher prise réalisé en éteignant le mental permet ainsi de revenir dans le moment présent, de se libérer des tensions résultant du blocage des émotions et de retrouver son intuition qui va pouvoir fournir une indication de ce qu'il y a à faire afin de résoudre éventuellement une situation posant un problème. Toute autre démarche mettant le mental au centre en tant qu'acteur ne peut amener à un vrai lâcher prise. Ce « lâcher prise » sera alors à nouveau une construction du mental et par conséquent une illusion, comme toute « création » du mental. La vraie Vie ne se contente pas d'illusions et ces dernières n'ont jamais fait aller mieux ou se sentir mieux de façon durable qui que ce soit.

Nous constatons à nouveau que tout lâcher prise est une démarche impliquant l'Amour. En effet, s'autoriser à éteindre le mental, puis reconnaître, accepter et vivre ses émotions constitue à chaque étape une touche d'Amour que la personne se donne à elle-même. Enfin, retrouver le contact avec son intuition (et la suivre) est la cerise sur le gâteau, que seule la personne s'étant consacré de l'attention et du respect peut obtenir.

Le lâcher prise est très utile pour des projets que nous désirons réaliser. Lorsque nous créons quelque chose, il existe toujours un temps de latence entre la pensée créatrice et la mise en œuvre ou la réalisation pratique. Ce temps, selon la façon de le vivre, peut être source de tensions importantes qui peuvent à leur tour, selon le processus bien connu, générer un mal-être et éventuellement des symptômes et des maladies. Des troubles du sommeil, une grande irritabilité, une agressivité importante, une fatigue psychique notamment peuvent apparaître dans un premier temps et peuvent se compliquer de maladies plus importantes. Ces tensions ont pour nom : impatience, attente. Ces dernières figurent en effet parmi les grandes responsables du mal-être.

Lorsque nous sommes dans l'impatience, que ressentons-nous physiquement ? Une tension, signe de notre corps essayant d'attirer notre attention sur le fait que le mental est à nouveau à l'œuvre. Que vient nous dire cette tension ? Que nous sommes dans le futur et non dans le moment présent. Se poser cette question est important, car en recevant la réponse, nous obtenons par la même occasion la façon dont nous pouvons faire cesser cette tension et ainsi faire disparaître l'impatience. Dans le cas présent, notre corps vient nous dire : Reviens dans le moment présent en éteignant ton mental.

De même, lorsque nous sommes en attente que survienne un événement ou une réalisation, nous ressentons une tension. Même s'il existe une différence entre l'impatience et l'attente, les deux peuvent disparaître à la condition de se remettre dans l'ici et maintenant, de reprendre conscience de son corps physique et sensoriel. Un sage rencontré lors d'un voyage m'a parfaitement expliqué la différence entre la patience et l'attente ainsi que ce qu'il faut faire afin d'éliminer les tensions produites par l'attente :

> *La patience est synonyme de lâcher prise. Cela signifie de ne pas être en attente de ce qui va se passer aussi. La patience signifie non pas attendre que les événements surviennent mais se recentrer sur le moment présent, le vivre après avoir envoyé dans l'Univers ton souhait formulé de façon claire. Tu désires obtenir quelque chose ? Tu lances en le formulant clairement ce que tu désires et te réabsorbes alors dans ta vie présente. La patience est alors le temps que met le désir à être obtenu. Chaque fois que la pensée revient, tu la chasses en te recentrant dans le moment présent.*

Chapitre 6

La notion de pardon

La notion de pardon est issue de la pensée judéo-chrétienne. Bon nombre des patients rencontrés depuis bientôt 17 ans dans ma pratique privée appartenant à cette culture, il m'apparaît important de parler de ce sujet hautement délicat. Il ne m'appartient pas de juger ou de commenter des textes de référence ni d'émettre un quelconque jugement sur ce que disent ou écrivent certaines doctes et savantes personnes à ce sujet. Mais, constatant les dégâts que provoque cette attitude acquise, je ne peux simplement me taire et laisser faire.

La notion de pardon est souvent évoquée au cabinet, dans les stages OGE ou dans les conférences lorsque la colère est en cause. J'entends souvent les réflexions suivantes : « Non, je ne suis pas en colère, car j'ai pardonné à celui ou à celle qui m'a fait du mal » ou « Pourquoi se mettre en colère et devoir l'exprimer alors que le pardon est tellement plus efficace ? »...

Pardonner à ses ennemis est une tâche relativement aisée, car nous n'en attendons pas grand-chose ; il est beaucoup plus difficile de pardonner à ses proches, ceux que l'on aime et que nous avons investis d'espoirs et d'attentes. Mais faut-il pardonner ? Est-ce une nécessité afin de se guérir ? Nous allons voir que selon la façon d'aborder et de résoudre un problème, le pardon devient une chose naturelle ou nécessite tout un travail fastidieux et totalement inutile qui ne mène qu'à cacher une émotion « négative ».

Le pardon issu du mental

Le pardon issu du mental est celui que nous allons accorder à l'autre pour différentes raisons que nous imaginons être importantes. Cette démarche met en jeu le mental au travers de notre éducation, de notre religion, de notre philosophie et de notre ego. Le résultat en est une rancune profondément ancrée, une relation envers l'autre brisée ou tout au moins distante et pleine de méfiance. En bref, cette façon de procéder ne mène pas à l'ouverture du cœur mais maintient (tout en prétendant le contraire) la fermeture à soi-même et en conséquence à l'autre. Essayons d'énumérer quelques raisons de ce type :

- Il faut pardonner ! Cela est bien et recommandé par toutes les religions et certains mouvements spirituels. Par conséquent, nous devons le faire. Si nous désirons être bien, il faut passer par cette étape.
- Nous pardonnons, car il en va de notre subsistance ! Nous nous sentons tellement dépendants de l'autre que nous nous voyons dans l'obligation de lui pardonner.
- Nous désirons garder l'amour et la considération de l'autre et du même coup, nous sommes prêts à nous accuser à la place de l'autre afin de ne surtout pas ternir notre relation.
- Nous pardonnons car cela est plus simple de paraître être une personne forte et indestructible que rien ne touche plutôt qu'un être « faible » qui peut ressentir de la colère ou une de ces autres émotions « négatives ».
- Nous pardonnons car ainsi nous nous cachons à nous-mêmes que nous sommes blessés et pouvons continuer à vivre dans l'illusion d'être une personne forte qui ne souffre d'aucune manière de quoi que ce soit.
- Nous pardonnons car nous ne pouvons pas faire autrement puisque nous sommes victimes de choses odieuses et que cela

étant établi, nous nous trouvons dans le devoir d'accepter cela à vie. L'autre est par définition le bourreau et nous sommes par conséquent condamnés à être la victime expiatoire.
- Nous pardonnons, ce qui nous permet d'enfoncer et surtout de maintenir l'autre dans la culpabilité. Dans notre grandeur d'âme, nous allons accorder le pardon à celui ou à celle qui a fait du mal afin de l'écraser et de le réduire en miettes.

Si nous nous trouvons en situation de devoir pardonner à quelqu'un, cela sous-entend que cet autre nous a fait du mal ; autrement, nous n'aurions pas à lui pardonner ! Si nous avons été blessés par l'autre, cela signifie forcément que nous avons ressenti une émotion de la famille des tristesses ou des colères. Et si nous estimons qu'il nous faut effectuer « un travail de pardon », cela implique que la souffrance demeure, ou bien qu'elle n'est plus présente mais qu'il nous faut faire néanmoins ce travail afin de nettoyer définitivement ce que nous pourrions encore ressentir à l'encontre de l'autre... Dans les deux cas d'espèce, cela vient nous dire qu'un ressenti est encore bien présent et vivace en nous-même.

J'insiste bien sur cette réalité, qui peut être déplaisante : il subsiste une tristesse ou une colère non vécue bloquée par le mental, ce qui provoque la souffrance. La personne souffrante, étant dans l'ici et maintenant, devrait à ce moment-là se dire : « Oui, bien que cela aille à l'encontre de ce que je désirerais être ou paraître, je suis encore en colère. » N'étant pas dans le moment présent, cette même personne va dire : « J'ai été blessée par l'autre et je dois faire un travail de pardon, car cela est nécessaire si je désire continuer à rencontrer cette personne ou vivre "libéré" et de façon légère ». Les « je dois », « il faut » sont des phrases issues du mental, car si nous nous trouvons en contact avec notre être profond, nous savons ce que nous avons à vivre afin d'être en respect de nous-mêmes, ce qui n'est pas une corvée mais une démarche faite dans la joie.

Que va faire alors cette personne ? « Décider » d'entreprendre cette démarche. Nous décidons avec notre tête et non avec notre cœur, ce qui revient à dire que le mental est à la base de la démarche. Ce dernier va alors diriger et être le maître. Le « travail » va être un travail mental, purement mental, c'est-à-dire volontariste. La personne doit se convaincre tout d'abord qu'elle n'est plus en colère et qu'elle pardonne à celui qui lui a fait du mal… « J'ai encore mal, mais je me convaincs que ce n'est pas le cas. » « Je souffre, mais je décide que cela n'est plus. » « J'ai encore envie, à l'évocation de la scène, d'étrangler la personne, mais cette envie est digne d'un animal, et moi qui suis une personne dotée d'intelligence, je raye d'un coup de baguette magique cette envie ; cette émotion "négative" ne doit pas exister et je m'en débarrasse simplement en me répétant avec ma tête que je pardonne. Éventuellement j'accompagne cela d'un geste chargé de sens, comme aller enterrer un objet appartenant à cette personne ou réaliser un acte de cet ordre. »

Comme nous pouvons le constater, toutes ces réflexions, ces actes ne sont issus que du mental. Derrière toute cette démarche, l'ego est omniprésent. Pire, ce qui se veut être une démarche d'amour est dénué de tout amour, puisqu'elle nie à la personne qui l'entreprend le droit même d'exister et de ressentir.

J'ai très souvent envie de dire aux personnes convaincues (dans leur tête) qu'il leur faut entreprendre ce genre de travail : soyons plus humbles et acceptons que dans certaines circonstances, malgré notre merveilleuse éducation, nous puissions ressentir des émotions « négatives » telles que la colère et qu'il nous faille passer par l'acceptation de celles-ci afin de nous sentir mieux et de parvenir à un pardon réel, naturel et simple. Certes, il serait préférable de ne pas ressentir, mais devant l'évidence, pourquoi nier ? Pourquoi nous refuser le droit d'être qui nous sommes ? Au nom de l'amour des autres, nous ne nous donnons trop souvent plus le droit de nous aimer. Est-ce cela la quintessence des Écrits ? Ou bien n'est-ce qu'une caricature ? Le vrai Amour est acceptation totale, il n'est pas conditionnel. Alors acceptons d'être imparfait non pas par essence ou par naissance (cela va bien évidemment à l'encontre du judéo-christianisme !) mais par éducation. Cela est certainement difficile pour certains, car l'ego fort développé dont nous souffrons tous par instants ne peut supporter l'idée que nous ne soyons pas ce que les autres, les Églises et les différents systèmes de pensée nous demandent d'être. Je conseillerai alors à ceux-là de faire preuve d'un peu plus de tolérance envers eux-mêmes, ce qui leur fera beaucoup de bien, ainsi qu'à leur entourage.

Quels sont les résultats d'une démarche de pardon initiée par le mental ?

L'émotion reste entière, non vécue, enterrée au fond de notre être, bloquée par notre mental. Ce blocage sur lequel nous aurons mis une couche de pardon crée une tension qui peut entraîner des symptômes et des maladies, comme nous l'avons déjà souligné. Nous constatons que, au nom de règles mal comprises ou mal enseignées par des personnes de pouvoir, la victime va se retrouver non seulement victime de l'autre mais en plus d'elle-même, et tout cela au nom d'un pseudo-amour rimant avec soumission, perte d'identité et destruction.

Le vrai pardon

Pour mettre en œuvre le vrai pardon, dans un premier temps, il s'agit de se donner le droit d'avoir été blessé au plus profond de soi par l'insulte, les coups, l'acte ou le non-acte déclencheurs de la blessure ressentie. Cela signifie admettre qu'il y a une blessure provoquée par l'autre, reconnaître que nous ne sommes pas aussi forts que nous désirerions l'être, accepter que nous sommes vulnérables. Afin de parvenir à cela, il nous faut nous remettre dans le moment présent, ce qui suppose d'éteindre le mental. Se retrouver dans son corps physique et sensoriel va permettre de dresser un bilan complet des dégâts causés par la personne qui nous a blessés. Il est souvent difficile de franchir cette première étape. En effet, le mental va tout faire afin de minimiser les atteintes réelles, « oublier » certains dégâts ou en amplifier certains autres, juger telle ou telle autre chose, relativiser certains points et tout faire pour que ce bilan puisse rester dans les « normes » admissibles et acceptables pour le système auquel nous appartenons.

Brigitte, âgée de 32 ans, mariée, sans enfant, a été battue par son mari jaloux qui ne tolérait pas qu'elle ait pu danser trop longtemps avec un de ses amis. Sous l'emprise de l'alcool, la dispute a mal tourné et son mari en est venu aux mains avec pour résultat quelques hématomes et deux côtes cassées sur le plan physique et un choc important sur le plan psychique. Constatant les dégâts en tant que médecin, je lui ai demandé quel était à ses yeux le bilan qu'elle pouvait dresser de ce qui lui était arrivé. À mon grand effarement, le bilan de Brigitte, encore sous le choc, fut le suivant : « J'ai un peu provoqué mon mari en dansant avec un autre homme et j'ai peut-être mérité ce qui est arrivé ; certes, les coups ont été inutiles et proviennent d'un être lâche et ayant perdu toute maîtrise, mais je m'en tire encore assez bien, car à un certain moment j'ai bien cru qu'il allait me tuer. » Nous retrouvons ici la difficulté à laquelle une personne peut être confrontée au moment de dresser un bilan complet des dégâts provoqués par un acte odieux tel que celui vécu par Brigitte. Le mental a pris le dessus avec son cortège de culpabilité, de jugements, de minimisations, de peurs ; qui plus est, l'humiliation, la violence endurées n'apparaissent nullement dans le discours de Brigitte. Pour un peu, ce qui est arrivé à Brigitte, qui a cru mourir à un certain moment, est une preuve d'amour donnée par son cher et tendre mari qui a réagi selon les normes d'un homme macho blessé dans son amour-propre, acceptées par toute une frange de la société... Bien entendu, Brigitte, reprenant ces « normes », ne peut avoir aucune compassion pour elle-même et cela se traduit par son discours, dans lequel aucune émotion ne transparaît.

Toute une partie du travail a été dans un premier temps d'aider Brigitte à dresser un bilan exact des dégâts ; ce travail n'a pas été facile à réaliser, car les blocages, les peurs n'ont fait qu'apparaître tout au long de ce travail qui a duré plusieurs heures. Hormis les hématomes physiques et les côtes cassées, sont apparus progressivement la tristesse, la colère envers son mari, le fait qu'elle ne pouvait plus faire confiance à cet homme brutal avec lequel elle ne désirait plus faire l'amour et bien d'autres choses encore que Brigitte avait en elle, mais qu'elle préférait ne pas regarder « de peur des conséquences que cela pourrait avoir » sur son couple. Le mental jouait son rôle de façon brillante, aidé en cela par les paroles apaisantes de certains amis et membres de la famille minimisant ce qui était survenu, ainsi que par les excuses tardives du mari.

Après quelques heures de consultation, Brigitte s'est enfin donné le droit d'avoir été profondément blessée par ce qu'elle avait vécu.

Mais constater les dégâts n'est que la première étape qui peut mener au pardon, même si elle est essentielle.

Dans un deuxième temps, il s'agit de se donner le droit de ressentir et de vivre les émotions liées à l'événement, à savoir la tristesse et la colère.

Nous avons vu qu'une émotion non vécue, c'est-à-dire non ressentie ou non exprimée, telle que la colère, va entraîner toute une kyrielle de maux pouvant mener à des maladies d'une gravité variable. Nous avons souligné que la grande responsable n'est pas l'émotion, mais le blocage du ressenti ou de l'expression de celle-ci par le mental. Nous avons aussi souligné que l'expression de l'émotion ne devait pas se faire en face de l'autre mais seul, afin de se faire du bien à soi-même, l'idée n'étant absolument pas de faire du mal à l'autre. Par contre, l'expression de cette émotion doit être totale et complète, ce qui revient à dire que si la colère, par exemple, est très forte, nous pouvons et devons nous permettre de l'exprimer de façon très forte. Sans cela, le mieux-être ne peut survenir, puisque cela signifie qu'à un moment donné, le mental est intervenu en nous expliquant que nous ne pouvons « étrangler celui qui nous a fait du mal afin qu'il se taise », car cela n'est pas bien et ne nous a pas été appris. Nous sommes absolument d'accord que cela ne se fait pas et ne doit pas se faire, mais cela peut se vivre virtuellement, ce qui apporte un soulagement immédiat.

C'est ce qu'a réussi à vivre Brigitte après s'être autorisée, lors d'un stage OGE, à « tuer » virtuellement son mari. Certes, cela ne fut pas facile, car son mental revenait souvent à la charge en lui disant qu'elle ne pouvait pas, n'avait pas le droit de faire cela à un homme qu'elle aimait et avait choisi comme mari, qu'elle ferait mieux de lui pardonner plutôt que de s'évertuer à vivre sa colère envers lui, etc. Mais quelque chose en elle, quelque chose de plus fort que son mental, l'a poussée à vivre sa colère et son soulagement fut très grand d'avoir pu l'exprimer. Rentrant du stage, elle a pu avoir un échange réel avec son mari et mettre les points sur les i de façon ferme, sans colère et dans l'ouverture.

Exprimer son émotion est un acte d'Amour envers soi-même ; il permet à celui qui souffre de se sentir mieux et souvent de guérir.

Cela est une réalité et de nombreuses personnes s'étant autorisées à le vivre peuvent en témoigner. Mais ce qu'il est intéressant de noter est le fait suivant: lorsque je leur demande si elles ont pardonné à l'autre le mal qu'il leur a infligé, la plupart des personnes sont intriguées par cette question saugrenue et celles ou ceux qui ne le sont pas me disent que « le pardon est bien entendu présent ». Pourquoi ces deux types de réaction qui sont en réalité les mêmes ?

Lorsque nous nous autorisons à ressentir et à vivre une émotion, nous nous apportons le respect de nous-mêmes et par conséquent de l'Amour. Ce faisant, nous nous mettons en état d'ouverture à l'autre aussi. L'Amour ne peut générer la haine, l'intolérance ni le meurtre. Il ne génère que de l'Amour. C'est la raison pour laquelle les personnes qui ont exprimé leur colère sont naturellement dans l'Amour d'elles-mêmes et par voie de conséquence des autres, qu'ils leur aient fait du mal ou non. Ces personnes ne seraient certainement pas prêtes à « tendre l'autre joue » à celle ou celui qui est à la source du mal, mais sont dans un état de « pardon simple et naturel », si l'on désire utiliser le terme de « pardon ».

Nous constatons que la démarche est de se « pardonner à soi-même tout d'abord » afin de pouvoir se trouver en état de pardonner à l'autre. Ce pardon à soi-même vient de façon naturelle, lorsque nous nous autorisons à ressentir puis à vivre notre émotion, en ayant éteint préalablement notre mental. Nous constatons que le fait de se libérer du jugement porté sur soi-même (qui nous empêche alors de ressentir ou d'exprimer l'émotion) nous permet de reconnecter avec notre noyau fondamental, avec la partie divine qui se trouve en nous-mêmes. Cela ne nécessite pas un « travail » astreignant, mais est vécu comme une libération et comme une chose « allant de soi et naturelle ». Cette démarche empreinte d'Amour débouche vers un bien-être réel et effectif qui va permettre de se mettre en état d'ouverture à l'autre.

Chapitre 7

La pensée créatrice

La pensée créatrice est à différencier de la pensée dans le vide, issue du mental. La première, comme son nom l'indique, va générer une action, une réalisation ; la seconde ne génère qu'illusion, rêves sans suite ou cauchemars, peurs, regrets. Nous ne reviendrons pas sur la pensée dans le vide qui a été longuement traitée dans mon premier ouvrage, *Les tremblements intérieurs.*

La pensée créatrice est celle qui génère ce que nous aspirons à vivre. Cette forme de pensée est la plus importante forme de réalisation ; elle ne peut être maîtrisée sans confiance en soi. Sans elle, le doute s'installe et alors l'inaction ou l'inachevé apparaissent.

Comment avoir confiance en soi ?

La confiance en soi est quelque chose d'inné ; tout bébé et petit enfant a confiance en lui. Il suffit de regarder un petit enfant qui commence à apprendre à marcher : il n'hésite pas, aurait plutôt tendance à foncer et ce sont les parents le plus souvent qui, étant dans leurs propres peurs, vont les projeter sur le petit enfant. La confiance en soi fait donc partie de notre être profond, de notre noyau fondamental, depuis notre naissance.

Quels sont les mécanismes qui peuvent nous amener à perdre la confiance en nous-mêmes par moments plus ou moins longs ou dans certaines situations bien précises ?

Si nous reprenons l'image du petit enfant apprenant à marcher se trouvant confronté aux peurs de ses parents, il devient clair que l'enfant, en ressentant celles-ci, peut à son tour calquer son attitude sur les peurs des parents et alors perdre confiance en lui. D'où proviennent les peurs des parents ? Du mental qui les projette dans le futur et leur fait imaginer que leur enfant va tomber et se faire mal, alors que dans l'instant présent il est debout et n'est pas (encore !) tombé.

Les reproches adressés par les éducateurs (parents, enseignants, frères et sœurs) sont autant de facteurs qui vont introduire le doute chez l'enfant puis l'adolescent. Si je dis à mon fils : « Tu ne me sembles pas capable de faire telle chose », non seulement je suis moi-même dans mon mental, en plein jugement (négatif en l'occurrence), mais en plus je brise chez mon fils l'image qu'il se fait de lui-même. À son tour, celui-ci peut se mettre à penser qu'il sera « incapable d'accomplir cette chose », c'est-à-dire à être dans son mental lui aussi et ainsi dans les peurs et le manque de confiance en lui.

L'enfant qui ne sait pas ce qu'est le futur ni le passé va apprendre que demain et hier « existent », ce qui est une autre façon de bâtir le mental. Nous allons expliquer à l'enfant qu'il lui faut penser à demain par exemple en trouvant ce qu'il désire exercer comme profession ; en soi, rien de négatif, mais le plus souvent nous (les adultes) lui fournissons un mode d'emploi totalement inadéquat : recherche l'envie en toi, mais où ? Dans ses tripes où se logent ses envies ou bien dans sa tête où se loge le mental ? La deuxième proposition est la plus courante, malheureusement. Les parents peuvent rejeter aussi les envies exprimées à ce sujet par l'enfant ou l'adolescent, en invoquant des arguments (éventuellement valables) très factuels et actuels (du type « cela est un métier sans débouché aucun « ou » qui ne te permettra pas de gagner ta vie correctement ») qui à nouveau peuvent faire croire à l'adolescent que son choix fait avec ses tripes est totalement erroné. Par conséquent, ce dernier va se mettre à rechercher son envie dans sa tête avec son mental, rejetant ce qui vient du fin fond de lui-même.

Tout cela renforce le rôle du mental qui devient de plus en plus présent et puissant. Or, plus le mental est présent et fort, plus le manque de confiance, les appréhensions et les peurs vont être nombreux et fréquents. Le manque de confiance est une pure émanation du mental qui nous met dans le futur et nous explique que nous « ne parviendrons pas à accomplir telle ou telle chose ». Le mental cache bien ce fait, car souvent l'expression va être : « Je suis incapable de faire cela » ; en réalité, si le français est bien utilisé, la phrase devrait être soit « je pense que je suis incapable de faire ceci » ou « je vais être incapable de faire ceci » puisqu'au moment où la phrase est prononcée, rien n'est en cours. Tout va l'être tout à l'heure (donc dans le futur proche ou lointain), mais rien n'est fait dans l'ici et maintenant, au moment où l'on prononce la phrase...

On comprend alors aisément comment parvenir à reprendre confiance en soi ou à continuer à être dans la confiance en soi. La réponse est d'éteindre le mental en se remettant dans le moment présent, c'est-à-dire dans son corps physique et sensoriel. À ce moment, deux choses surviennent : les appréhensions et les peurs disparaissent et les envies apparaissent, masquées qu'elles étaient par le mental. La confiance en soi est présente. Avec les envies venant des tripes et non pas de la tête, la créativité, l'intuition, le savoir inné (celui qui nous fait dire « je sais cela mais je ne sais pas pourquoi ») et toutes nos possibilités réapparaissent. Certes le mental ne va pas disparaître à vie (malheureusement !), mais si l'on répète le processus autant de fois que le mental réapparaît, petit à petit les moments de confiance en soi se feront plus longs et plus intenses.

La « pensée positive » qui fait répéter à la personne souffrant de manque de confiance en soi qu'elle a « confiance en elle » me semble assez comique. Le fait de se dire quelque chose de positif émanant du mental est certainement plus efficace que de se répéter à longueur de journée que l'on est incapable, mais hormis ce bénéfice, aborder le problème de cette façon ne peut rien amener de constructif à moyen et à long terme. L'important est le ressenti et l'émotion et non la répétition et la litanie, qui ne peuvent être que des exercices mentaux et par conséquent vides de vie et ne pouvant générer la Vie. Or, le ressenti et l'émotion ne sont présents que dans l'ici et maintenant, qui permet à la Vie d'exister.

Il peut arriver qu'une personne continue à souffrir d'un manque important de confiance en elle-même malgré le fait qu'elle pratique fréquemment l'exercice de revenir dans le moment présent. Il faut alors se demander si une émotion non vécue n'est pas à l'origine de cela. Si c'est le cas, en revenant dans le moment présent, cette personne va aussi se retrouver confrontée à ses émotions de tristesse et de colère ; si elle ne se permet pas de les vivre, alors le mental est de retour et la personne se replonge dans le manque de confiance en elle, et ainsi de suite.

Roselyne, âgée de 34 ans, est au chômage depuis une année après avoir été licenciée brutalement pour des raisons économiques. Dans un premier temps, elle s'est accordé quelques mois de repos, lors desquels elle n'a pas cherché de travail de façon intensive. Puis, se mettant à chercher plus activement du travail dans sa branche, elle a essuyé de nombreux refus. Elle me consulte car, après avoir essayé pendant une période de « rester positive », elle souffre de troubles du sommeil (soit de la difficulté à s'endormir, soit des réveils nocturnes multiples), d'une grande irritabilité et d'une fatigue importante qu'elle traîne toute la journée. Elle ne comprend pas cette dernière, d'autant plus qu'elle ne fait « pas grand-chose » hormis sa recherche assidue de travail. De plus, elle s'est rendu compte qu'au fur et à mesure que sa recherche demeure infructueuse, elle perd de plus en plus confiance en elle-même et s'entend répondre à de potentiels futurs employeurs qu'elle ne sait pas utiliser tel logiciel alors que cela est totalement faux...

Roselyne a mis en pratique l'exercice de se remettre dans le présent, ce qui lui a permis d'aborder les entretiens de meilleure façon, mais sa confiance en elle restait très fragile, ce qui n'était pas le cas avant sa mise au chômage. Lorsque je lui ai demandé ce qu'elle ressentait de devoir se présenter ainsi à de nombreuses offres d'emploi, elle m'a répondu dans un premier temps : « de la peur et de la crainte d'être à nouveau pour la xième fois rejetée » ; comme je lui demandais de se remettre dans le moment présent, le ressenti de colère est apparu. Or, que faisait-elle de cette colère ? Pas grand-chose puisqu'elle n'en était pas réellement consciente avant que la question ne lui soit posée. Ayant exprimé cette colère, la confiance en elle revint un peu, mais néanmoins Roselyne restait fragile. Il lui a fallu aller rechercher puis exprimer la colère profonde ressentie lors de son licenciement afin de retrouver entièrement confiance en elle-même.

On rencontre assez fréquemment ce type d'exemple lors de consultations traitant de la confiance en soi. Très souvent, le manque de confiance en soi cache en arrière-plan des mémoires oubliées ou enfouies qui demandent à être ramenées à la surface. Elles ne vont pas remonter à la surface tant que la personne ne se sera pas permis de revenir dans le moment présent puis de rechercher avec son ressenti et son intuition ces mémoires « oubliées ». Cela, comme nous l'avons déjà mentionné, ne veut pas dire que le travail est terminé à ce moment-ci ; si la recherche se borne à une pure identification de l'émotion ou à une compréhension intellectuelle du trouble, on ne retrouvera aucune confiance. Afin d'y parvenir, le passage obligatoire est d'accepter, de ressentir et d'exprimer la tristesse ou la colère exhumée.

« On a le futur de son présent »

Une des choses importantes est de prendre bien conscience qu'« on a le futur de son présent » et d'entrer en résonance avec cette phrase. Elle paraît si évidente, si basique que nous pouvons facilement passer à côté de toute l'importance de cette « évidence ».

Si nous désirons réaliser un changement dans notre vie, c'est aujourd'hui et non demain qu'il nous faut agir. Ce qui revient à dire que c'est dans l'ici et maintenant que le changement est initié afin de se concrétiser demain ou après-demain. Il nous faut alors agir comme si nous étions parvenus maintenant à notre idéal, ne pas remettre à demain, à plus tard.

Cela semble évident lorsque nous faisons des études ou préparons un certificat de maîtrise professionnelle, que nous étudions maintenant afin de devenir avocat, plombier ou enseignant demain. Nous préparons par conséquent dans le moment présent notre futur et l'étudiant aura demain le futur de son présent : s'il ne fait rien, il a de fortes chances d'être recalé à ses examens dans son futur ; s'il étudie, il a de fortes chances de réussir.

Souvent, nous avons beaucoup plus de peine à mettre en application « cette évidence » et cela entraîne des attentes, l'impatience. Cela entraîne aussi que nous aurons tendance à faire porter le chapeau de notre « échec » aux autres, à l'environnement, à la société, etc.

Si nous décidons de changer nos habitudes alimentaires, nous pouvons adopter deux attitudes possibles. La première est de dire : demain, je changerai et je vais manger plus de fruits et de légumes. Demain, je vais contacter une nutritionniste afin qu'elle m'apprenne comment procéder à ce changement. Il y a fort à parier que tout cela restera lettre morte. Cela est issu du mental et se trouve être de la pensée dans le vide.

L'autre attitude est de changer maintenant, c'est-à-dire d'utiliser la pensée créatrice, celle qui effectue le changement dans l'ici et maintenant avec une réalisation dans le futur. Comment faire, étant donné que la nutritionniste n'est certainement pas disponible ce jour-ci, que le marchand de fruits et de légumes se trouve à plusieurs minutes ou à plusieurs heures de mon appartement ? Il nous faut alors utiliser la pensée créatrice. Il nous faut « initier » le changement dans notre vie maintenant et non demain. Concrètement, cela peut se faire de la façon suivante : se mettre dans son corps physique et sensoriel, c'est-à-dire dans le moment présent, bien ressentir le désir se trouvant non dans sa tête mais au plus profond de soi-même et enfin lancer cette envie dans l'Univers. Ici intervient l'effet boomerang qu'il est important d'exposer afin de bien comprendre de quoi nous parlons.

L'effet boomerang

Deux ingrédients sont nécessaires : la pensée créatrice et le lâcher prise. La première va permettre de définir ce que nous désirons créer dans notre vie ou faire de notre vie par rapport à un sujet bien défini ; le second va être nécessaire pour autoriser le lancer sans retenue aucune du boomerang. L'une comme l'autre sont indispensables. Prenons un boomerang et regardons comment ce dernier fonctionne : c'est un bout de bois (ou de plastique dans sa version commercialisée) avec une forme, un poids adapté à sa grandeur, un aérodynamisme tels qu'il va pouvoir non seulement être lancé mais surtout voler et revenir au même endroit après avoir effectué un trajet dans l'air sans qu'à aucun moment la personne qui a lancé ce dernier puisse le contrôler... Si le boomerang a été bien conçu et lancé de façon correcte et adaptée, il va revenir à son point de départ et exactement à son point de départ après avoir parcouru un trajet d'une certaine longueur et après un temps plus ou moins long.

Jeanne a 50 ans, est journaliste et s'intéresse au marketing. Elle désire retrouver du travail, après une longue période de chômage. Ayant réussi à se débarrasser de ses peurs et de ses angoisses, en tout cas pendant une courte période en consultation, en se remettant dans le moment présent, elle arrive à définir ce qu'elle désire faire de sa vie professionnelle, d'une façon très exacte : elle veut travailler à temps partiel, trouver une occupation alliant le journalisme et la promotion d'un produit de qualité qui ne soit pas purement commercial mais ayant une valeur intellectuelle pour laquelle elle puisse vibrer... À ce moment-ci, elle est dans son ressenti, totalement dans le moment présent et lance alors « le boomerang », c'est-à-dire la pensée créatrice. Elle est très consciente que le lâcher prise doit être total et que le temps que va mettre le boomerang pour revenir ne peut être déterminé par elle.

Je dois avouer qu'ayant entendu la formulation de ce que Jeanne désirait, je me suis dit en mon for intérieur qu'elle n'obtiendrait jamais cela. Le mental ayant toujours tort, quelques semaines plus tard, à la grande joie de Jeanne et à mon grand étonnement, cette dernière obtenait exactement ce qu'elle désirait. Seul point sombre : le salaire, qu'elle avait « oublié » de définir, qui s'est trouvé très bas. Néanmoins elle a commencé à retravailler après une longue période de recherche infructueuse, passée dans les peurs, les doutes et la perte de confiance en elle.

Cette approche est extrêmement bénéfique aux conditions suivantes : nous devons être dans le moment présent, être en contact avec notre ressenti et avec notre intuition. Cela est le préalable indispensable afin d'être sûr que le mental ne vienne pas s'immiscer et projeter quelque chose de totalement erroné ou de non adapté.

Deuxièmement, le lâcher prise doit être entier ; en effet, imaginons que nous lancions un boomerang tout en le retenant d'une quelconque façon : il n'ira pas loin ou ne reviendra pas à l'endroit désiré...

Nous nous rendons compte que la pensée créatrice est à l'origine de la concrétisation ; en d'autres termes, le monde matériel est dirigé par la pensée et non le contraire. Que cette pensée créatrice a son origine dans notre moment présent, dans lequel le mental n'a aucune place. Que dans la réalité, la pensée créatrice ne peut exister sans Amour, puisque s'autoriser à vivre dans l'ici et maintenant est une preuve d'Amour que nous nous donnons. En conclusion, ce que nous aspirons à vivre et que nous réalisons ne peut être qu'une traduction dans le concret de l'Amour. Or, ce dernier étant liberté, respect de soi et des autres, il ne peut créer quelque chose qui va à son encontre, c'est-à-dire qui prive de liberté, rend malade, crée la guerre et engendre toutes les turpitudes dont nous sommes témoins tous les jours dans notre monde. Nous pouvons alors nous demander pourquoi, alors que notre société fait de nous des personnes très « intelligentes », dotées d'un système de pensées très « élaboré », nous vivons dans un monde aussi brutal, dépourvu d'Amour ; nous pouvons nous demander pourquoi beaucoup de nos créations sont tellement éloignées de l'Amour. Pourquoi sommes-nous dans la critique, dans l'intolérance, dans la mise en tutelle de l'autre afin que ce dernier soit et agisse tel que nous le désirons et non tel qu'il le désire ? Pourquoi désirons-nous tous vivre dans un monde meilleur, *mais* au moment même où nous prononçons cette phrase, disons-nous immédiatement « mais cela est utopique » ? Pourquoi, étant malades et souffrants, doutons-nous de nos ressources intérieures nous permettant de guérir ?

Toutes ces questions ont une réponse : beaucoup de nos actes et, par conséquent, beaucoup de nos « réalisations » ne sont pas issus de la pensée créatrice, mais de la pensée dans le vide issue du mental. Si je désire vivre dans un monde meilleur et que j'introduis un « mais », ce mais vient de quelle partie de mon être si ce n'est de mon mental ? Si je doute de mes capacités de guérir, je suis dans mon mental. Si je suis dans le moment présent, sans mon mental bavard et incrédule, mon intuition et mon savoir inné vont me dire de façon quasi certaine que j'ai ces capacités, qu'il est temps de les utiliser si j'en ai envie vraiment ou le contraire. Lorsque j'aborde quelqu'un avec mon mental, c'est-à-dire en fermeture de mon être profond (puisque j'en suis coupé par lui), je ne peux être que dans le jugement, ce qui va déboucher le plus souvent sur la critique, l'intolérance de qui l'autre est.

Je me trouvais dernièrement avec des étudiants en médecine de quatrième année, effectuant leurs stages obligatoires à l'hôpital ; nous parlions d'Amour envers leurs patients et ces derniers avaient été choqués par les propos d'un chef de clinique en chirurgie leur disant qu'il ne croyait pas à l'Amour. Comment peut-on exercer une profession pareille sans être le plus souvent dans l'Amour ? Mais attention, pas dans l'Amour des autres puis, si nous avons le temps, dans le respect et l'amour de soi-même, mais dans l'Amour de soi qui induit une ouverture à l'autre et par voie de conséquence un échange avec l'autre dans le respect et l'Amour.

Ce qui est valable pour la médecine l'est tout autant pour toute profession ou tout simplement pour tout acte de la vie quotidienne. Et ce n'est pas en pensant dans le vide (grâce à son mental) que demain cela pourrait se faire, que cela se réalisera. C'est dans l'ici et maintenant que cela se réalisera demain. Et cela démontre toute la puissance et la force de la pensée créatrice.

En regardant de plus près la pensée créatrice, nous nous rendons compte que celle-ci est élaborée dans le moment présent. Elle est issue de notre envie qui est un ressenti se trouvant dans notre être profond. Parce qu'elle naît de cette façon, elle génère des actes, des actions et des réalisations bien concrets. Nous pouvons en conclure sans nous tromper qu'une chose pensée est une chose ressentie, donc une réalité. Ne sommes-nous pas capables de miracles ? N'avons-nous pas *tout* en nous afin de vivre heureux, en bonne santé et de cette façon participer à la création d'un monde meilleur ?

Chapitre 8

L'intuition

Le mot intuition, en français, vient du latin *in* et *tuitere,* ce qui signifie regarder attentivement à l'intérieur. Nous pouvons voir ou entendre ou sentir pour ce faire, c'est-à-dire utiliser nos sens. Mais ces sens doivent être dirigés vers l'intérieur de notre être et non vers l'extérieur, où règnent le plus souvent le brouhaha et le non-silence.

L'intuition ne peut être perçue par conséquent que dans un seul moment: dans l'ici et maintenant, c'est-à-dire dans le moment présent. Toute tentative de reprendre contact avec ce merveilleux sens ne pourra se réaliser qu'après avoir éteint son mental.

L'intuition se trouve en chaque être humain mais est le plus souvent occultée par le brouhaha du mental; ce dernier est merveilleusement dressé à éliminer celle-là par le biais du raisonnement, de la logique, du rationnel. Autant de choses qui viennent nous aveugler, en nous procurant l'impression d'être autre qu'un « simple et vulgaire animal ». À force de vouloir utiliser et privilégier la fonction gauche de notre cerveau, ou d'avoir été forcé à le faire, nous avons de la peine à nous connecter avec la partie droite de ce dernier qui contient l'intuition. Et pourtant, cette partie s'avère tout aussi importante que l'autre.

Chacun d'entre nous a vécu des situations dans lesquelles notre logique et notre rationnel viennent se heurter à quelque chose d'autre qui est radicalement à l'opposé de ce que ces derniers viennent nous dire. Selon les choix effectués, c'est-à-dire selon le choix de la voie « illogique » ou « logique », des enseignements peuvent en être tirés : je « savais » mais je ne me suis pas laissé suivre cela, ou « bien m'en a fait de suivre ce que je savais au fond de moi-même ». Toute personne a déjà été en contact avec cette intuition de base, ce savoir irrationnel et immédiat qui fait dire « je savais » que cela n'allait pas marcher, que cette rencontre était importante, que la réponse serait négative, qu'il me fallait faire cela pour arriver à mes fins. Et très souvent, malheureusement, la voix du mental a été entendue, et la voie indiquée par le mental a été suivie, aux dépens de celles de notre intuition. Nous nous apercevons à nouveau que notre mental est l'ennemi et qu'il nous faut avant toute autre chose l'éteindre afin de nous replonger dans le moment présent et dans ce savoir inné qu'est notre intuition. En effet, dans le moment présent, nous avons accès à notre passé (ex. : les mémoires émotionnelles « oubliées ») et à notre futur immédiat ou non. Ce n'est que lorsque notre « ego » ou notre mental sont éteints que nous sommes à même d'entrer en contact avec notre être profond et notamment avec notre intuition.

Pourquoi autant insister sur ce point ? Parce que notre mental est capable d'utiliser énormément de ficelles afin de nous faire perdre le contact avec notre intuition. Il peut imiter cette dernière de façon éhontée et nous faire prendre des vessies pour des lanternes ; il va nous guider vers des pseudo-intuitions qui ne sont en réalité que des désirs déguisés, eux-mêmes créations de notre mental ; il peut nous diriger vers des « ressentis » qui ne sont en aucun cas des intuitions mais des créations de notre mental. « Je sens ou je ressens » n'est pas forcément équivalent à « je sais ». Prenons un exemple pour éclairer ce point capital : Paule, qui a une relation avec un ami, est très intuitive et a l'habitude de se montrer attentive à son intuition. Apprenant que son ami désire partir en voyage pour deux mois, elle « ressent » que cela n'est pas une bonne chose pour lui, lui en fait part et lui déconseille de le faire. Elle se culpabilise de l'avoir fait et m'en parle lors d'une consultation. Ne sachant rien de toute cette relation et ne pouvant évidemment pas juger son intuition, je lui demande alors ce que son corps, à travers cette culpabilité vécue, essayait de lui dire. Ayant compris que sa culpabilité était due à son mental (qui la sortait du moment présent pour la mettre dans le passé), je lui demande ce qu'elle ressent dans le moment présent par rapport au projet de voyage de son ami. Elle me répond après un certain temps qu'elle n'apprécie pas ce projet et qu'elle ressent de la déception et de la frustration. Elle comprend assez vite que derrière ces mots se cachent des émotions de tristesse et de colère. Elle se permet de les exprimer et réalise alors, étant réellement dans le moment présent, sans le voile du mental, qu'elle n'a plus aucune intuition par rapport à ce projet de voyage... Paule a ressenti que ce projet était négatif, mais au fond d'elle-même, en réalité, ce qu'elle ressentait était de la tristesse et de la colère ; celles-là sont évidemment des émotions nobles, à respecter et à vivre, mais n'ont rien à voir avec l'intuition. Nous pourrions multiplier les exemples de ce type afin de démontrer que le mental est très doué pour nous faire prendre des désirs ou des émotions non vécues pour des intuitions.

La différence entre une intuition et une pseudo-intuition

À nouveau, je répète que notre corps est notre meilleur ami et que nous mettre à son écoute va nous permettre d'établir aisément la différence entre une véritable intuition et une pseudo-intuition. Dans le cas d'une pseudo-intuition, notre corps va immédiatement nous transmettre un message très palpable physiquement, à la condition que nous soyons à l'écoute évidemment : une tension qui peut être très légère ou plus forte. Cette tension est présente afin de nous avertir que quelque chose ne va pas, que nous ne sommes pas en accord avec notre être profond. Notre corps ne nous trahit jamais et ses messages sont toujours pertinents.

Dans le cas d'une intuition réelle, aucune tension ne nous sera transmise par notre corps ; au contraire, il connaîtra une certaine détente.

Chaque être humain est doué d'intuition, d'un savoir inné, mais cela n'implique malheureusement pas que ce savoir est utilisé de façon consciente par la majorité d'entre nous. Il n'existe, à ma connaissance, que très peu d'écoles ou de systèmes éducatifs « enseignant » l'intuition. Peut-on enseigner l'intuition à un être ? Non, mais on peut encourager cet être à prendre conscience du fait qu'il est intuitif et que cette qualité peut être développée afin de prendre toute la place qui lui est dévolue dans son existence. Personne ne peut définir pour l'autre quelle devrait être cette place, mais accompagner, encourager me semble très important, y compris dans une démarche thérapeutique. En réalité, cette attitude me semble participer à la guérison de la personne souffrante. En effet, la maladie est un message du corps venant dire à la personne qui en souffre qu'elle s'est coupée de son être profond, qui contient cette intuition. L'inciter à se couper de son mental afin de se reconnecter à son intuition constitue un instrument de choix dans le processus de guérison, de même qu'il l'est aussi dans le maintien de l'être dans un bon état de santé.

Comment parvenir à se reconnecter à son intuition ?

Pour se reconnecter à son intuition, il faut premièrement s'autoriser à prendre conscience que cette intuition nous habite. Non, l'intuition n'est ni un don ni une chose rare ni miraculeuse. C'est une partie intégrante de nous-mêmes. Elle est une des multiples facettes qui forment la personne que nous sommes. Ce savoir est à notre disposition et nous n'avons qu'à y puiser autant que nous le désirons. Ce n'est pas un savoir lointain, il est au contraire tout proche, en nous-mêmes. Ce savoir est souvent opposé au « savoir » livresque ou éducationnel ; il est illogique, irrationnel le plus souvent. Notre mental va immédiatement le juger comme étant par conséquent « négatif », mais la vie va nous remettre très souvent, à nos dépens, dans le droit chemin. Ce savoir est, et lorsque nous suivons ce qu'il nous dicte, nous en ressentons les heureux effets. C'est donc un savoir et non une illusion. Cela n'implique pas pour autant que tout savoir livresque ou éducationnel est du domaine de l'illusion, mais cela peut être très déstabilisant pour la personne qui décide de s'autoriser à prendre conscience de l'existence du savoir de l'intuition.

Deuxièmement, il faut s'autoriser à écouter, à voir, à toucher ou à sentir cette intuition. Chaque mot a son importance; en effet, chacun peut entrer en contact avec son intuition en utilisant un de ses sens: l'audition, la vue, le toucher ou l'olfactif (au sens le plus large du terme, « utiliser son nez » !). Cela revient à dire qu'il nous faut être le plus souvent possible dans le moment présent (le mental étant éteint) et nous permettre de laisser cette partie de nous-mêmes nous parler à sa façon. Et l'écouter rime souvent, dans un premier temps, avec le retour immédiat du mental qui va nous faire douter de ce que nous avons entendu, vu, touché du doigt ou flairé. Il nous faut alors éteindre à nouveau le mental pour nous reconnecter avec notre intuition, et cela peut nécessiter un apprentissage long avec de multiples rechutes. Et ce n'est qu'en s'exerçant à cette écoute subtile que nous pouvons parvenir au stade ultime.

Enfin, nous voulons faire confiance à cette intuition, la suivre et mettre nos actes en accord avec cette partie de nous-mêmes. Cela signifie mettre notre monde extérieur en accord avec notre monde intérieur, et non le contraire.

S'autoriser à suivre les trois points de la méthode signifie chaque fois un peu d'Amour que nous nous donnons à nous-mêmes; il en va de même lorsque nous nous autorisons à nous lancer dans cette démarche, ne serait-ce qu'en éteignant notre mental. Nous nous rendons compte à nouveau à travers cette démarche que l'initiateur de celle-ci, le moteur et la finalité n'est autre chose que l'Amour.

Exercice pratique pour éteindre le mental

Commencer par la prise de conscience de son corps physique...

Inspirer et expirer à son propre rythme tout au long de l'exercice, qu'on peut faire dans n'importe quel lieu et dans toutes les positions (debout, assis ou couché), en fermant ou non les paupières.

1. Se mettre en conscience de ses orteils (en les bougeant par exemple).
2. Se mettre en conscience de ses chevilles.
3. Se mettre en conscience de ses mollets.
4. Se mettre en conscience de ses genoux.
5. Se mettre en conscience de ses cuisses.
6. Se mettre en conscience de son bassin et bien s'installer dedans.

...puis passer à la prise de conscience de son corps sensoriel

(prendre conscience d'un sens suffit très souvent : soit le toucher, soit l'odorat, soit l'audition, soit le goût, soit la vue) tout en continuant à inspirer et à expirer à son propre rythme sans forcer.

1. Se mettre en conscience de l'objet que l'on tient dans les mains : stylo, volant par exemple, en le palpant et en ressentant la texture de l'objet.
2. Se mettre en conscience de l'eau qui coule sur la peau.
3. Se mettre en conscience de l'odeur de la pièce ou de la nature dans lesquelles on se trouve.
4. Se mettre en conscience des bruits de l'environnement dans lequel on se trouve.
5. Se mettre en conscience du goût dans la bouche.
6. Se mettre en conscience de ce que l'on regarde.

Épilogue

On ne verbalise pas la vérité, on la vit

Il est souvent difficile d'accepter que nous soyons responsables de nous-mêmes, de notre bien-être mais aussi de notre mal-être et de nos « faiblesses ». Il est toujours plus facile d'aller accuser l'autre, l'environnement, la société, le virus ou le microbe. Certes, notre environnement a son importance : il est toujours mieux de se trouver dans un lieu merveilleux avec des personnes avec lesquelles on se sent bien que le contraire. Mais nous pouvons nous trouver dans cette situation et être malheureux car nous ne nous serons pas accordé le respect, l'attention que nous méritons et n'aurons, par exemple, fait qu'agir en fonction du bien-être des autres... Le bonheur ne vient pas des autres : nous sommes les seuls à pouvoir nous rendre heureux. J'ai l'habitude de dire que nous sommes le gâteau et l'autre est la cerise sur le gâteau.

Nous disposons en nous-mêmes des moyens pour arriver au bonheur et au bien-être : croire à nouveau en cela constitue un premier pas vers la guérison et nous permet de nous maintenir en bonne santé et dans un bien-être de tous les jours. Les difficultés de la vie existent afin de nous faire progresser dans la connaissance de nous-mêmes et dans la reconnaissance de notre force innée. Nous possédons en nous tout ce qui est nécessaire afin de parvenir à ce but, à la condition de cesser de nous sous-estimer, de nous punir au nom de règles qui ne sont pas les nôtres, de fonctionner par rapport aux autres ou pour les autres.

Les bien-pensants vont rétorquer que si chacun ne pense qu'à sa petite personne et à son nombril, le monde sera un monde sans amour, une société sans foi ni loi. Se respecter et s'accorder de l'attention à soi-même n'a rien à voir avec cela, et toute personne qui énonce ce type de remarques se montre ignorante de ce qu'apporte l'Amour lorsqu'on s'autorise à se le donner.

S'apporter de l'Amour à soi-même est simplement la priorité si nous voulons aimer et être aimé. L'Amour génère l'Amour ; il est le créateur, le moyen et la finalité. Un être ne s'aimant pas génère la violence en lui et autour de lui. Il rayonne, émet des ondes qui n'ont pas la qualité de celles émanant de quelqu'un qui est dans l'Amour de lui-même. Toute personne sensée peut le constater. Une personne ne se respectant pas ne peut pas être respectée par l'autre même si elle crie à l'autre qu'elle désire être respectée. Les Écritures nous disent tout cela depuis des siècles dans toutes les langues, les croyances et les civilisations. Mais les instruments de pouvoir que sont les Églises et les sociétés ont transformé ce message simple et limpide en des pratiques, des pensées et des diktats imposés à l'individu afin de lui faire oublier l'essentiel : qu'il existe par lui-même et qu'il a *tout* en lui afin d'être, que sa plus grande force est l'Amour et qu'il n'a pas besoin de ces instruments de répression et de pouvoir pour exister simplement et pleinement. Et parce qu'il se donne le droit de le faire, il l'accorde obligatoirement à l'autre, aux autres, en n'étant ni dans le jugement ni dans le désamour. Cela est très simple et pourtant très difficile à atteindre. L'important n'est pas tellement d'atteindre le but mais de se trouver sur le chemin avec comme compagnon l'Amour. L'essentiel est de Vivre, c'est-à-dire d'être dans le moment présent, de nous laisser aller à exister avec nos émotions, notre pensée créatrice, notre intuition et tout ce qui fait de nous des hommes et des femmes. Ainsi, notre vécu devient notre vérité qui n'est ni supérieure ni inférieure à celle de l'autre, mais simplement qui existe et est importante pour nous-même. Alors seulement nous passons du savoir théorique au vécu et pouvons nous « contenter » d'échanger dans l'ouverture du cœur avec l'autre et, si nous le ressentons au fond de nous, de partager nos vérités. À nouveau, l'ingrédient et la finalité de tout cela s'appelle l'Amour.

Notes

1. Anne Marie Lionnet. *Vers un monde nouveau,* Paris, Éditions du Rocher, 2001, p. 87.

2. Alice Miller. *Notre corps ne ment jamais,* Paris, Flammarion, 2004, p. 160.

3. Thich Nhat Hanh. *La colère. Transformer son énergie en sagesse,* Paris, Éditions J.-C. Lattès, 2002, p. 53.

4. Thubten Chödrön. *Travailler sur la colère,* Publications Kunchab, 2003, p. 24.

5. *Dictionnaire fondamental de la psychologie,* Paris, Larousse.

6. Daniel N. Stern. *Le moment présent en psychothérapie,* Paris, Éditions Odile Jacob, 2003, p. 178.

Ce livre vous a plu ?
Vous avez envie d'aller plus loin ?

Vous avez la possibilité de suivre la formation théorique à la méthode OGE, fondée par le Dr Dufour, et/ou de mettre en pratique les recommandations faites par le Dr Dufour dans son livre, lors de stages qu'il a fondés dans ce but précis :

Stages « OGE : à l'envers de l'ego »

Pour de plus amples informations, veuillez consulter le site Internet www.oge.biz

ou contacter OGE au

Tél. +41 79 754 81 11
Fax +41 22 840 44 52
E-mail : info@oge.biz

Table des matières

Suivez-nous sur le Web

Consultez nos sites Internet et inscrivez-vous à l'infolettre pour rester informé en tout temps de nos publications et de nos concours en ligne. Et croisez aussi vos auteurs préférés et notre équipe sur nos blogues !

EDITIONS-HOMME.COM
EDITIONS-JOUR.COM
EDITIONS-PETITHOMME.COM
EDITIONS-LAGRIFFE.COM

Achevé d'imprimer au Canada
sur papier Enviro 100% recyclé